DR. OETKER

MOTIVTORTEN

Backen für besondere Anlässe

DR. OETKER

MOTIVTORTEN

Backen für besondere Anlässe

CERES

Vorwort

Es gibt wohl kaum etwas Persönlicheres, als ein Geschenk aus der eigenen Küche. Wenn es dann noch ein selbstgebackener Zoo oder Rennwagen ist, wird die Freude bei den Beschenkten riesengroß sein.

In „Motivtorten“ zeigen wir Ihnen, wie Sie mit Hilfe von speziellen Backformen oder durch das Zurechtschneiden von gebackenen Böden und eine phantasievolle Dekoration tolle Torten zaubern können. Von einfachen und trotzdem raffinierten Rezepten, die auch Backanfängern leicht gelingen, wie Schmetterling oder Mühlespiel, über saisonales Gebäck wie Osterhasen und Adventskalender, bis hin zu aufwendigeren Kreationen wie Tennisplatz und Eisenbahn.

Wir haben für jede Gelegenheit die passende Torte, ob zur Taufe, zur Hochzeit oder zum bestandenen Führerschein. Die meisten Gebäcke lassen sich außerdem mit einer anderen Garnierung ganz schnell für einen anderen Anlass abwandeln.

Vielleicht können Sie sich auch gar nicht von diesen leckeren Kunstwerken trennen und verwöhnen sich und Ihre Gäste selber einmal damit.

Abkürzungen

EL = Esslöffel
TL = Teelöffel
Msp. = Messerspitze
Pck. = Packung / Päckchen
g = Gramm
kg = Kilogramm
ml = Milliliter
l = Liter
evtl. = eventuell
geh. = gehäuft
gestr. = gestrichen
TK = Tiefkühlprodukt
°C = Grad Celsius
Ø = Durchmesser
E = Eiweiß
F = Fett
KH = Kohlenhydrate
kcal = Kilokalorie
kj = Kilojoule

Hinweise zu den Rezepten

Lesen Sie bitte vor der Zubereitung das Rezept einmal vollständig durch. Oft werden Arbeitsabläufe oder -zusammenhänge dann klarer. Die in den Rezepten angegebenen Backtemperaturen und -zeiten sind Richtwerte, die je nach individueller Hitzeleistung des Backofens bzw. Material der verwendeten Backform über- oder unterschritten werden können. Bitte machen Sie nach Beendigung der Backzeit eine Garprobe.

Zubereitungszeiten

Die Zubereitungszeit beinhaltet nur die reine Vorbereitungszeit, d. h. Backzeit und besonders lange Wartezeiten, wie z. B. Kühlzeiten, sind nicht mit einbezogen.

Kapitelübersicht

Kapitelübersicht

Kinder dieser Welt

(12 Stück)

Zutaten

Für den Rührteig:
65 g Butter oder Margarine
90 g Zucker
1 Pck. Vanillin-Zucker
5 Tropfen Butter-Vanille-Aroma
1 Prise Salz
2 Eier (Größe M)
250 g Weizenmehl
3 gestr. TL Backpulver
100 ml Milch

3 EL Milch

Für den Guss:
150 g gesiebter Puderzucker
1–2 EL Zitronensaft
etwa ½ TL gesiebtes Kakao-pulver
Speisefarben

Zubereitungszeit:
40 Minuten, ohne Trockenzeit

Insgesamt:
E: 46 g, F: 73 g, Kh: 437 g,
kJ: 11140, kcal: 2661

FÜR KINDER

1 Für den Teig Butter oder Margarine mit Handrührgerät mit Rührbesen auf höchster Stufe geschmeidig rühren. Nach und nach Zucker, Vanillin-Zucker, Butter-Vanille-Aroma und Salz unterrühren, so lange rühren, bis eine gebundene Masse entstanden ist. Eier nach und nach unterrühren (jedes Ei etwa ½ Minute).

2 Mehl mit Backpulver mischen, sieben und abwechselnd mit Milch portionsweise auf mittlerer Stufe unterrühren. Mit Hilfe von 2 Esslöffeln etwa 12 Häufchen nicht zu dicht nebeneinander auf 2 mit Backpapier belegte Backbleche setzen und mit einem feuchten Messer etwas nachformen. Die Backbleche in den Backofen schieben.

Ober-/Unterhitze: etwa 200 °C (vorgeheizt)
Heißluft: etwa 180 °C (vorgeheizt)
Gas: etwa Stufe 4 (vorgeheizt)
Backzeit: 20–25 Minuten pro Backblech

3 Nach etwa 15 Minuten Backzeit die Gebäckoberfläche mit Milch bestreichen. Nach dem Backen das Gebäck vom Backblech nehmen und auf einem Kuchenrost erkalten lassen.

4 Für den Guss Puderzucker mit Zitronensaft zu einem dickflüssigen Guss verrühren, in kleine Schalen verteilen und mit Kakao und Speisefarben einfärben. Die Gebäckunterseiten damit bestreichen und trocknen lassen. Das Gebäck dazu am besten auf eine Tasse legen.

5 Den restlichen Guss in Pergamentpapiertütchen füllen, jeweils eine kleine Spitze abschneiden und Gesichter auf das Gebäck spritzen.

Tipps: *Die Gesichter können auch mit Hilfe von Kokosraspeln, Weingummischnüren, Marzipan, Lakritzschnecken (z. B. als Brille) u. ä. gemacht werden.*
Das Gebäck eignet sich gut für einen Kindergeburtstag. Es kann auch gut in die Schule oder den Kindergarten mitgenommen werden.

Margeritenblüte

Zutaten

Für den Rührteig:
200 g Marzipan-Rohmasse
200 g Butter oder Margarine
150 g Zucker
1 Pck. Vanillin-Zucker
1 Pck. Geriebene Zitronenschale
4 Eier (Größe M)
150 g Weizenmehl
25 g Speisestärke
1 ½ gestr. TL Backpulver

Zum Tränken und Garnieren:
1 Dose Pfirsichhälften (Abtropfgewicht 470 g)
50 ml Pfirsichsaft
50 ml Pfirsich- oder Aprikosenlikör

Zum Verzieren und Garnieren:
200 ml Schlagsahne
1 Pck. Sahnesteif
2 TL Zucker
25 g gehackte Pistazienkerne

Zubereitungszeit:
25 Minuten

Insgesamt:
E: 85 g, F: 338 g, Kh: 505 g,
kJ: 23875, kcal: 5706

SCHNELL

1 Für den Teig Marzipan-Rohmasse und Butter oder Margarine mit Handrührgerät mit Rührbesen auf höchster Stufe geschmeidig rühren. Nach und nach Zucker, Vanillin-Zucker und Zitronenschale unterrühren, so lange rühren, bis eine gebundene Masse entstanden ist. Eier nach und nach unterrühren (jedes Ei etwa ½ Minute).

2 Mehl mit Speisestärke und Backpulver mischen, sieben und portionsweise auf mittlerer Stufe unterrühren. Den Teig in eine gefettete, gemehlte Rosettenform (Ø 26 cm) füllen. Die Form auf dem Rost in den Backofen schieben.

Ober-/Unterhitze: 150–170 °C (vorgeheizt, unteres Drittel)
Heißluft: etwa 150 °C (nicht vorgeheizt)
Gas: Stufe 2–3 (nicht vorgeheizt)
Backzeit: etwa 50 Minuten

3 Das Gebäck 10 Minuten in der Form stehen lassen, es dann auf einen Kuchenrost stürzen und erkalten lassen.

4 Pfirsiche auf einem Sieb gut abtropfen lassen, dabei den Saft auffangen und 50 ml abmessen. Den Saft mit dem Likör vermischen und den Kuchen damit tränken. Pfirsiche blattförmig zuschneiden und den Kuchen in Form einer Blüte damit belegen.

5 Sahne mit Sahnesteif und Zucker steif schlagen, in einen Spritzbeutel mit kleiner Lochtülle füllen und den Kuchen damit verzieren. Die „Blütenmitte“ mit Pistazien bestreuen.

Tipp: *Wer keine Rosettenform hat, kann auch eine Springform (Ø 26 cm) verwenden.*

Mühlespiel

Zutaten

Für den Rührteig:
200 g Butter oder Margarine
200 g Zucker
1 Pck. Vanillin-Zucker
1 Prise Salz
4 Eier (Größe M)
250 g Weizenmehl
3 gestr. TL Backpulver
25 g Kakaopulver
125 ml (⅛ l) Rotwein
100 g gehackte Haselnusskerne

Für den Guss:
100 g Puderzucker
1 EL Zitronensaft
etwas Wasser

Zum Verzieren und Garnieren:
9 Zartbitter-Schokoladentaler
9 weiße Schokoladentaler
Puderzucker

Zubereitungszeit:
30 Minuten, ohne Trockenzeit

Insgesamt:
E: 82 g, F: 271 g, Kh: 531 g,
kJ: 21379, kcal: 5107

ZUM VERSCHENKEN

1 Für den Teig Butter oder Margarine mit Handrührgerät mit Rührbesen auf höchster Stufe geschmeidig rühren. Nach und nach Zucker, Vanillin-Zucker und Salz unterrühren. So lange rühren, bis eine gebundene Masse entstanden ist. Eier nach und nach unterrühren (jedes Ei etwa ½ Minute).

2 Mehl mit Backpulver und Kakao mischen, sieben und abwechselnd portionsweise mit Rotwein auf mittlerer Stufe unterrühren (nur so viel Rotwein verwenden, dass der Teig schwer-reißend vom Löffel fällt). Haselnüsse unterrühren.

3 Den Teig auf ein gefettetes Backblech (30 x 40 cm) geben und glattstreichen. Vor die offene Seite einen mehrfach geknickten Streifen Alufolie legen. Das Backblech in den Backofen schieben.

Ober-/Unterhitze: etwa 180 °C (vorgeheizt)
Heißluft: etwa 160 °C (vorgeheizt)
Gas: Stufe 3–4 (vorgeheizt)
Backzeit: etwa 25 Minuten

4 Das Gebäck auf dem Backblech auf einem Rost erkalten lassen.

5 Für den Guss Puderzucker mit Zitronensaft und Wasser zu einem zähflüssigen Guss verrühren, in ein Pergamentpapiertütchen füllen, eine kleine Spitze abschneiden und die Linien eines Mühlespielfeldes auf den Kuchen spritzen. Die Schokoladentaler darauf verteilen und den Guss trocknen lassen. Die Kuchenränder mit Puderzucker bestäuben.

Abwandlung: *Der Kuchen bleibt länger frisch, wenn er vor dem Verzieren und Garnieren mit 150 g aufgelöster Schokolade überzogen wird.*

Tipp: *Der Teig kann mit 2 gestrichenen Teelöffeln gemahlenem Zimt weihnachtlich abgeschmeckt werden.*

Fruchtige Sterne
(12 Stück)

Zutaten

Für den Quark-Öl-Teig:
300 g Weizenmehl
1 Pck. Backpulver
150 g Magerquark
75 ml Milch
75 ml Speiseöl
75 g Zucker
1 Pck. Vanillin-Zucker

Für den Belag:
6 Birnenhälften (aus der Dose)
6 Pfirsichhälften (aus der Dose)

1 Eigelb
1 EL Milch
50 g Halbbitter-Kuvertüre
evtl. bunte Zuckerstreusel

Zubereitungszeit:
20 Minuten

Insgesamt:
E: 62 g, F: 87 g, Kh: 407 g,
kJ: 11639, kcal: 2781

SCHNELL

1 Für den Teig Mehl mit Backpulver mischen und in eine Rührschüssel sieben. Quark, Milch, Öl, Zucker und Vanillin-Zucker hinzufügen. Die Zutaten mit Handrührgerät mit Knethaken auf höchster Stufe in etwa 1 Minute zu einem Teig verarbeiten (nicht zu lange, Teig klebt sonst).

2 Anschließend auf der bemehlten Arbeitsfläche ausrollen. Daraus 12 Sterne (Ø 12–14 cm) ausstechen und auf mit Backpapier belegte Backbleche legen.

3 Für den Belag Birnen- und Pfirsichhälften auf einem Sieb gut abtropfen lassen. Auf jeden Stern eine Birnen- oder Pfirsichhälfte mit der Rundung nach oben legen.

4 Eigelb mit Milch verschlagen und die Teigränder damit bestreichen. Die Backbleche in den Backofen schieben.

Ober-/Unterhitze: 180–200 °C (vorgeheizt)
Heißluft: 160–180 °C (vorgeheizt)
Gas: Stufe 3–4 (vorgeheizt)
Backzeit: etwa 20 Minuten pro Backblech

5 Das Gebäck vom Backblech lösen und auf einem Kuchenrost erkalten lassen.

6 Kuvertüre in einem kleinen Topf im Wasserbad bei schwacher Hitze zu einer geschmeidigen Masse verrühren. Die Sterne mit Hilfe eines Löffels damit besprenkeln und nach Belieben mit Zuckerstreuseln bestreuen.

Tipps: *Nach Belieben die fruchtigen Sterne vor dem Servieren mit Puderzucker bestäuben und mit je einem grünen Marzipanblatt garnieren.*
Die fruchtigen Sterne sollten möglichst frisch gegessen werden.

Schatzkarte

1 Für den Belag aus Pudding-Pulver und Milch nach Packungsanleitung – aber mit nur 750 ml Milch – einen Pudding zubereiten und etwas abkühlen lassen. Dann den Quark unterrühren.

2 Für den Teig Butter oder Margarine mit Handrührgerät mit Rührbesen auf höchster Stufe geschmeidig rühren. Nach und nach Zucker, Vanillin-Zucker, Butter-Vanille-Aroma und Salz unterrühren, so lange rühren, bis eine gebundene Masse entstanden ist. Eier nach und nach unterrühren (jedes Ei etwa ½ Minute).

3 Mehl mit Backpulver mischen, sieben und portionsweise auf mittlerer Stufe unterrühren. Den Teig auf ein gefettetes Backblech (30 x 40 cm) streichen und den Belag gleichmäßig darauf verteilen. Einen mehrfach geknickten Streifen Alufolie vor den Teig und den Belag legen. Das Backblech in den Backofen schieben.

Ober-/Unterhitze: etwa 170 °C (vorgeheizt)
Heißluft: etwa 150 °C (vorgeheizt)
Gas: Stufe 3–4 (vorgeheizt)
Backzeit: etwa 30 Minuten

4 Das Gebäck auf dem Backblech auf einem Rost erkalten lassen.

5 Für den Guss aus Tortenguss und Apfelsaft nach Packungsanleitung – aber ohne Zucker – einen Guss zubereiten, auf dem Kuchen verteilen und erkalten lassen.

6 Nuss-Nougat-Creme in ein Pergamentpapiertütchen füllen und die Gebäckoberfläche damit in Form einer Seekarte verzieren.

Zutaten

Für den Belag:
2 Pck. Grieß-Pudding-Pulver, z. B. Garant
750 ml (¾ l) Milch
250 g Speisequark

Für den Rührteig:
100 g Butter oder Margarine
100 g Zucker
1 Pck. Vanillin-Zucker
3–4 Tropfen Butter-Vanille-Aroma
1 Prise Salz
2 Eier (Größe M)
200 g Weizenmehl
2 gestr. TL Backpulver

Für den Guss:
2 Pck. Tortenguss, klar
500 ml (½ l) Apfelsaft

150 g weiche Nuss-Nougat-Creme

Zubereitungszeit:
30 Minuten, ohne Kühlzeit

Insgesamt:
E: 121 g, F: 180 g, Kh: 523 g, kJ: 18174, kcal: 4341

FÜR KINDER

Tipps: *Nach Belieben Nüsse oder etwas Obst in Spalten als „Schatz“ einbacken. Der Belag kann auch mit 2 Pck. Pudding-Pulver Vanille-Geschmack anstelle des Grieß-Pudding-Pulvers zubereitet werden. Dann zusätzlich 80 g Zucker hinzufügen.*

Schildkröte und Marienkäfer

Zutaten

Für die Schildkröte (Rührteig):
200 g Butter oder Margarine
200 g Zucker
1 Pck. Vanillin-Zucker
4 Eier (Größe M)
250 g Weizenmehl
3 gestr. TL Backpulver
3–4 EL Milch

Für den Guss:
200 g gesiebter Puderzucker
2 EL Zitronensaft
1–2 EL Wasser
grüne Speisefarbe

2 Schokolinsen
evtl. Kakaopulver

Zubereitungszeit:
25 Minuten, ohne Trockenzeit

Insgesamt:
E: 61 g, F: 195 g, Kh: 595 g,
kJ: 18777, kcal: 4485

FÜR KINDER

1 Für die Schildkröte Butter oder Margarine mit Handrührgerät mit Rührbesen auf höchster Stufe geschmeidig rühren. Nach und nach Zucker und Vanillin-Zucker unterrühren. So lange rühren, bis eine gebundene Masse entstanden ist. Eier nach und nach unterrühren (jedes Ei etwa ½ Minute).

2 Mehl mit Backpulver mischen, sieben und abwechselnd portionsweise mit Milch auf mittlerer Stufe unterrühren (nur so viel Milch verwenden, dass der Teig schwer-reißend vom Löffel fällt).

3 Jeweils 1 Esslöffel von dem Teig in 3 Papierbackförmchen (jeweils 2 Förmchen ineinander stellen) füllen, den restlichen Teig in eine gefettete und gemehlte Kuppelform (Ø 18 cm, Inhalt 1,5 l) füllen und glattstreichen. Form und Papierbackförmchen auf dem Rost in den Backofen schieben.

Ober-/Unterhitze: etwa 180 °C (vorgeheizt)
Heißluft: etwa 160 °C (vorgeheizt)
Gas: etwa Stufe 3 (vorgeheizt)
Backzeit: etwa 25 Minuten für die Muffins, etwa 60 Minuten für die Kuppel

4 Die Muffins und die Kuppel auf einem Kuchenrost erkalten lassen. Bei der Kuppel eventuell den Bruch gerade schneiden.

5 Für den Guss Puderzucker mit Zitronensaft und Wasser zu einer zähflüssigen Masse verrühren. Einen kleinen Teil davon abnehmen, den restlichen Guss mit Speisefarbe grün färben. Beide Güsse getrennt in Pergamentpapiertütchen füllen, jeweils eine kleine Spitze abschneiden, die Kuppel damit verzieren, trocknen lassen und dann auf eine Tortenplatte legen.

6 Die Muffins aus den Förmchen lösen, 2 Muffins senkrecht halbieren und mit Guss als Füßchen an die Kuppel kleben. Von dem dritten Muffin ein kleines Stück abschneiden und als Schwänzchen, das größere Stück als Kopf ankleben. Die Muffins nach Belieben mit Kakao bestäuben. Die Schokolinsen als Augen ankleben.

Tipp: *Für den Marienkäfer werden dieselben Teig- und Gusszutaten benötigt. Aber nur 2 Muffins backen und einen Teil des Gusses rot einfärben. Die Kuppel mit rotem und weißem Guss verzieren. Nach Belieben Schokolinsen auf die weißen Gusstupfen kleben. 1 Muffin senkrecht halbieren, mit rotem Guss verzieren und an die Kuppel kleben. Den anderen Muffin als Kopf darankleben. Mit Puderzucker bestäuben und mit Mikadostäbchen als Fühler garnieren.*

Vulkan

Zutaten

Für den Rührteig:
250 g Butter oder Margarine
250 g Zucker
1 Pck. Vanillin-Zucker
½ Fläschen Butter-Vanille-Aroma
1 Prise Salz
5 Eier (Größe M)
200 g Weizenmehl
1 Pck. Pudding-Pulver Schokoladen-Geschmack
1 gestr. TL Backpulver
75 g abgezogene, gehackte Mandeln
50 g gehackte Vollmilchschokolade

abgezogene, gemahlene Mandeln

Für den Schokoladenguss:
200 g Vollmilch-Kuvertüre
40 g Kokosfett
40 g dunkle Schokoladenstreusel

Für den roten Guss:
100 g gesiebter Puderzucker
2–3 EL Wasser
rote Speisefarbe

Zubereitungszeit:
20 Minuten, ohne Trockenzeit

Insgesamt:
E: 99 g, F: 422 g, Kh: 724 g, kJ: 30588, kcal: 7308

SCHNELL

1 Für den Teig Butter oder Margarine mit Handrührgerät mit Rührbesen auf höchster Stufe geschmeidig rühren. Nach und nach Zucker, Vanillin-Zucker, Butter-Vanille-Aroma und Salz unterrühren, so lange rühren, bis eine gebundene Masse entstanden ist. Eier nach und nach unterrühren (jedes Ei etwa ½ Minute).

2 Mehl mit Pudding-Pulver und Backpulver mischen, sieben und portionsweise auf mittlerer Stufe unterrühren. Zuletzt Mandeln und Schokolade unterrühren. Den Teig in eine gefettete, mit Mandeln ausgestreute Gugelhupf-Form (Ø 22 cm) füllen. Die Form auf dem Rost in den Backofen schieben.

Ober-/Unterhitze: etwa 180 °C (vorgeheizt, unteres Drittel)
Heißluft: etwa 160 °C (nicht vorgeheizt)
Gas: Stufe 3–4 (nicht vorgeheizt)
Backzeit: etwa 50 Minuten

3 Das Gebäck 10 Minuten in der Form stehen lassen, dann auf einen Kuchenrost stürzen und erkalten lassen.

4 Für den Schokoladenguss Kuvertüre grob zerkleinern und mit Kokosfett in einem kleinen Topf im Wasserbad bei schwacher Hitze zu einer geschmeidigen Masse verrühren. Den Guss über den erkalteten Kuchen geben, sofort mit den Schokoladenstreuseln bestreuen und fest werden lassen.

5 Für den roten Guss Puderzucker mit Wasser und Speisefarbe zu einer dickflüssigen Masse verrühren, mit Hilfe eines Teelöffels auf den Kuchen geben und herunterlaufen lassen. Den Guss trocknen lassen. Eine rote Serviette als frische „Lava" in den Kuchen stecken.

Tipp: *Nach Belieben zu dem Vulkan* ***Dinosaurier*** *reichen. Für 6 Dinos aus 125 g Butter oder Margarine, 100 g Zucker, 1 Päckchen Vanillin-Zucker, 4–5 Tropfen Zitronen-Aroma, 1 Prise Salz, 2 Eiern (Größe M), 100 g Weizenmehl, 1 gestrichenen Teelöffel Backpulver und 75 g abgezogenen, gemahlenen Mandeln einen Rührteig zubereiten und in einen Spritzbeutel mit Tüllenring füllen. In 12 Papierbackförmchen (am besten je 2 ineinandergestellt) spritzen. Jeweils 2–3 von 175 g abgetropften Mandarinenspalten auf den Teig legen und etwas eindrücken. Die Förmchen auf ein Backblech stellen und bei etwa 180 °C (Heißluft etwa 160 °C, Gas etwa Stufe 3) etwa 25 Minuten backen. Die Törtchen auf einem Kuchenrost erkalten lassen und aus den Förmchen lösen. 150 g Aprikosenkonfitüre durch ein Sieb streichen, die Törtchen damit überziehen und jeweils 2 Stück mit der Oberseite zusammensetzen. 400 g Marzipan-Rohmasse mit 200 g gesiebtem Puderzucker verkneten und nach Belieben mit Speisefarbe einfärben. Die Marzipanmasse in 6 Portionen teilen. Die Hälfte jeder Portion dünn zu einer Platte (Ø etwa 15 cm) ausrollen, jeweils ein Doppel-Törtchen damit umlegen (Rumpf) und einen Schwanz formen. Aus der zweiten Hälfte Hals und Kopf formen und mit Holzstäbchen am Rumpf befestigen. Die Dinos mit Schokolinsen, abgezogenen, halbierten Mandeln und Zuckerperlen garnieren.*

Schmetterling

Zutaten

80 g Kokosraspel

Für den Rührteig:
125 g Butter
125 g Zucker
1 Pck. Vanillin-Zucker
1 Prise Salz
4 Eigelb (Größe M)
100 g Weizenmehl
1 gestr. TL Backpulver
4 Eiweiß (Größe M)

3 EL Himbeer- oder Sauerkirschkonfitüre

Für die Füllung und zum Bestreichen:
500 ml (½ l) Schlagsahne
1 Pck. Vanillin-Zucker
1 Pck. Sahnesteif

Für den Belag:
1 reife Mango
einige Himbeeren
einige Heidelbeeren
250 g Erdbeeren

Für den Guss:
1 Pck. Tortenguss, klar
250 ml (¼ l) Apfelsaft

2 Mikadostäbchen (Gebäckstäbchen mit Schokolade)
1 Limonenschalenstreifen

Zubereitungszeit:
30 Minuten, ohne Kühlzeit

Insgesamt:
E: 62 g, F: 317 g, Kh: 347 g, kJ: 19394, kcal: 4635

RAFFINIERT

1 Kokosraspel in einer Pfanne ohne Fett hellbraun rösten und erkalten lassen.

2 Für den Teig Butter mit Handrührgerät mit Rührbesen auf höchster Stufe geschmeidig rühren. Nach und nach Zucker, Vanillin-Zucker und Salz unterrühren, so lange rühren, bis eine gebundene Masse entstanden ist. Eigelb nach und nach unterrühren (jedes Ei knapp ½ Minute).

3 Mehl mit Backpulver mischen, sieben und portionsweise auf mittlerer Stufe unterrühren. ⅔ der Kokosraspel unterrühren. Eiweiß steif schlagen und unterheben. Den Teig in eine Springform (Ø 26 cm, Boden gefettet) füllen und glattstreichen. Die Form auf dem Rost in den Backofen schieben.

Ober-/Unterhitze: etwa 180 °C (vorgeheizt)
Heißluft: etwa 160 °C (nicht vorgeheizt)
Gas: etwa Stufe 3 (nicht vorgeheizt)
Backzeit: etwa 40 Minuten

4 Den Boden aus der Form lösen und auf einem Kuchenrost erkalten lassen. Den erkalteten Boden einmal waagerecht durchschneiden. Den unteren Boden mit Konfitüre bestreichen.

5 Für die Füllung und zum Bestreichen Sahne mit Vanillin-Zucker und Sahnesteif steif schlagen und ⅓ davon auf die Konfitüre streichen. Den oberen Boden darauf legen und leicht andrücken. Tortenrand und -oberfläche ganz mit Sahne einstreichen (etwas Sahne zurücklassen).

6 Die Torte senkrecht halbieren und die Schnittflächen mit der zurückgelassenen Sahne bestreichen. Die Seiten der Tortenhälften rundherum mit den restlichen Kokosraspeln bestreuen und mit den runden Seiten aneinander auf eine Tortenplatte legen.

7 Für den Belag die Früchte putzen, evtl. waschen, kleinschneiden und die Tortenhälften damit belegen.

8 Für den Guss Tortenguss mit Apfelsaft nach Packungsanleitung – aber ohne Zucker – zubereiten und die Früchte damit bestreichen.

9 Mikadostäbchen und Limettenschale als Fühler in die Tortenhälften stecken. Den Schmetterling etwa 1 Stunde kalt stellen.

Marzipanschnecken

Zutaten

Für den Teig:
200 g Marzipan-Rohmasse
2 Eiweiß (Größe M)
100 g Zucker
1 Pck. Vanillin-Zucker
50 g gesiebtes Weizenmehl

1 EL abgezogene, gestiftelte Mandeln

Für den Guss:
50 g Zartbitterschokolade
10 g Butter

evtl. Kokosraspel

Zubereitungszeit:
20 Minuten

Insgesamt:
E: 44 g, F: 114 g, Kh: 253 g, kJ: 9537, kcal: 2278

SCHNELL

1 Für den Teig Marzipan-Rohmasse und Eiweiß mit Handrührgerät mit Rührbesen zu einer geschmeidigen Masse verrühren. Zucker, Vanillin-Zucker und Mehl nach und nach zugeben und unterrühren.

2 Den Teig in einen Spritzbeutel mit glatter Tülle füllen und kleine Schnecken auf ein bemehltes Backblech spritzen. Mandelstifte als Fühler in den Teig stecken. Das Backblech in den Backofen schieben.

Ober-/Unterhitze: 180–200 °C (vorgeheizt)
Heißluft: 160–180 °C (vorgeheizt)
Gas: Stufe 3–4 (vorgeheizt)
Backzeit: 10–15 Minuten

3 Die Schnecken sofort vom Backblech lösen und auf einem Kuchenrost erkalten lassen.

4 Für den Guss Schokolade mit Butter in einem kleinen Topf im Wasserbad bei schwacher Hitze zu einer geschmeidigen Masse verrühren, in ein Pergamentpapiertütchen füllen, eine kleine Spitze abschneiden und die Schnecken damit verzieren. Nach Belieben mit Kokosraspeln bestreuen.

Gebackene Namen

Zutaten

Für den Knetteig:
200 g Weizenmehl
50 g Speisestärke
½ TL Backpulver
50 g Zucker
1 Pck. Vanillin-Zucker
1 Ei (Größe M)
125 g Butter

1 EL Schlagsahne

Zubereitungszeit:
30 Minuten, ohne Kühlzeit

Insgesamt:
E: 30 g, F: 116 g, Kh: 250 g, kJ: 9409, kcal: 2248

FÜR KINDER

1 Für den Teig Mehl, Speisestärke und Backpulver mischen und in eine Rührschüssel sieben. Zucker, Vanillin-Zucker, Ei und Butter hinzufügen. Die Zutaten mit Handrührgerät mit Knethaken zunächst kurz auf niedrigster, dann auf höchster Stufe gut durcharbeiten.

2 Anschließend auf der bemehlten Arbeitsfläche zu einem glatten Teig verkneten, sollte er kleben, ihn eine Zeitlang kalt stellen.

3 Den Teig portionsweise auf der bemehlten Arbeitsfläche ausrollen. Mit kleinen Buchstaben-Ausstechförmchen Wörter und Namen ausstechen, auf gefettete, mit Backpapier belegte Backbleche legen und vorsichtig mit Sahne bestreichen. Die Backbleche in den Backofen schieben.

Ober-/Unterhitze: 180–200 °C (vorgeheizt)
Heißluft: 160–180 °C (vorgeheizt)
Gas: Stufe 3–4 (vorgeheizt)
Backzeit: 5–8 Minuten pro Backblech

4 Die Buchstaben sofort vom Backblech lösen und auf einem Kuchenrost erkalten lassen.

SIMON
FELICITAS

Uhr

Zutaten

Für den Rührteig:
1 Glas Sauerkirschen (Abtropfgewicht 370 g)
300 g Butter
200 g Zucker
2 Pck. Vanillin-Zucker
4 Eier (Größe M)
400 g Weizenmehl
1 Pck. Backpulver
4 EL Sauerkirschsaft

Zum Bestreichen:
150 g Sauerkirschkonfitüre
1 EL Wasser

Zum Verzieren und Garnieren:
75 g gesiebter Puderzucker
½ EL Zitronensaft
1 Pck. (12 Stück) Schokoladen-Dekor-Taler
50 g Marzipan-Rohmasse
1 EL gesiebter Puderzucker
Speisefarben

Zubereitungszeit:
35 Minuten

Insgesamt:
E: 89 g, F: 311 g, Kh: 817 g,
kJ: 27764, kcal: 6631

ZUM VERSCHENKEN

1 Für den Teig Sauerkirschen auf einem Sieb gut abtropfen lassen, dabei den Saft auffangen und 4 Esslöffel abmessen.

2 Butter mit Handrührgerät mit Rührbesen auf höchster Stufe geschmeidig rühren. Nach und nach Zucker und Vanillin-Zucker unterrühren, so lange rühren, bis eine gebundene Masse entstanden ist. Eier nach und nach unterrühren (jedes Ei etwa ½ Minute).

3 Mehl mit Backpulver mischen, sieben und abwechselnd portionsweise mit Sauerkirschsaft auf mittlerer Stufe unterrühren. Die Hälfte des Teiges in eine gut gefettete, gemehlte Rosettenform (Ø 30 cm) füllen, die Kirschen darauf verteilen, den restlichen Teig daraufgeben und glattstreichen. Die Form auf dem Rost in den Backofen schieben.

Ober-/Unterhitze: etwa 180 °C (vorgeheizt, unteres Drittel)
Heißluft: etwa 160 °C (nicht vorgeheizt)
Gas: etwa Stufe 3 (nicht vorgeheizt)
Backzeit: etwa 60 Minuten

4 Zum Bestreichen Sauerkirschkonfitüre durch ein Sieb streichen, mit Wasser verrühren und kurz aufkochen lassen. Den Kuchen nach dem Backen 10 Minuten in der Form stehen lassen, auf einen Kuchenrost stürzen, sofort mit der Konfitüre bestreichen und erkalten lassen.

5 Puderzucker mit Zitronensaft zu einer zähflüssigen Masse verrühren, in ein Pergamentpapiertütchen füllen, eine kleine Spitze abschneiden, Zahlen auf die Dekor-Taler spritzen und nach Belieben den Kuchen mit dem Guss besprenkeln.

6 Marzipan-Rohmasse mit Puderzucker verkneten, mit Speisefarbe einfärben, zwischen 2 Lagen Klarsichtfolie ausrollen und 13 gleich große und 1 etwas größeres Plätzchen daraus ausstechen. 12 Plätzchen auf dem Kuchen verteilen und mit den Dekor-Talern belegen. Das große Plätzchen in die Mitte legen.

7 Aus dem restlichen Marzipan Uhrzeiger aussschneiden, auf das große Marzipanplätzchen in der Mitte legen und mit dem letzten kleinen belegen.

Tipp: *Wer keine Rosettenform hat, kann die Uhr auch in einer Springform (Ø 28 cm) backen.*

Winterdrachen

Zutaten

Für den Rührteig:
150 g Butter oder Margarine
150 g Zucker
1 Pck. Vanillin-Zucker
4 Eier (Größe M)
125 g Weizenmehl
75 g Speisestärke
2 gestr. TL Backpulver
1–2 EL Milch
200 g gemahlene Haselnusskerne

Für den Guss:
200 g gesiebter Puderzucker
2–3 EL Zitronensaft

Zuckerperlen
Geleefrüchte

Zubereitungszeit:
30 Minuten, ohne Trockenzeit

Insgesamt:
E: 75 g, F: 276 g, Kh: 536 g, kJ: 21197, kcal: 5062

SCHNELL

1 Für den Teig Butter oder Margarine mit Handrührgerät mit Rührbesen auf höchster Stufe geschmeidig rühren. Nach und nach Zucker und Vanillin-Zucker unterrühren, so lange rühren, bis eine gebundene Masse entstanden ist. Eier nach und nach unterrühren (jedes Ei etwa ½ Minute).

2 Mehl mit Speisestärke und Backpulver mischen, sieben und abwechselnd portionsweise mit Milch auf mittlerer Stufe unterrühren. Haselnusskerne unterrühren.

3 Den Teig gut 1 cm dick auf ein gefettetes Backblech (30 x 40 cm) streichen. Vor die offene Seite einen mehrfach geknickten Streifen Alufolie legen. Das Backblech in den Backofen schieben.

Ober-/Unterhitze: 180–200 °C (vorgeheizt)
Heißluft: 160–180 °C (vorgeheizt)
Gas: Stufe 3–4 (vorgeheizt)
Backzeit: etwa 25 Minuten

4 Das Gebäck auf dem Backblech auf einem Rost erkalten lassen. Es dann in Rauten schneiden.

5 Für den Guss Puderzucker mit Zitronensaft zu einer zähflüssigen Masse verrühren und die Rauten mit Hilfe eines Pinsels damit bestreichen. Mit Zuckerperlen und Geleefrüchten oder anderen Süßigkeiten nach Belieben garnieren und den Guss trocknen lassen.

Abwandlung: *Anstelle von Puderzuckerguss können die Rauten auch mit 200 g aufgelöstem Nuss-Nougat bestrichen werden.*

Tipp: *Die Gebäckrauten können auch zu Sternen zusammengelegt werden. Je nachdem, wie spitz die Rauten geschnitten werden, benötigt man unterschiedlich viele für einen Stern.*

Tierische Muffins

(10–12 Stück)

Zutaten

Für den Rührteig:
175 g weiche Butter oder Margarine
125 g Zucker
1 Pck. Vanillin-Zucker
2 Eier (Größe M)
100 g Crème fraîche
200 g Weizenmehl
3 gestr. TL Backpulver

Für die Bären „Teddy Bear“:
Zuckerschrift
Schokoladentaler
Schokolinsen

Für die Schweine „Happy Pig“:
Brausepulverkissen aus Esspapier
Zuckerschrift

Für die Rentiere „Rudi Rednose“:
50 g Zartbitterschokolade
Zuckerschrift
Schokolinsen

Für die Mäuse „Mighty Mouse“:
Schokoladentaler
Schokolinsen
Lakritzschnecke
Zuckerschrift

Zubereitungszeit:
25 Minuten

Insgesamt:
E: 48 g, F: 220 g, Kh: 336 g, kJ: 15158, kcal: 3622

ZUM VERSCHENKEN

1 Für den Teig Butter oder Margarine mit Handrührgerät mit Rührbesen auf höchster Stufe geschmeidig rühren. Nach und nach Zucker und Vanillin-Zucker unterrühren, so lange rühren, bis eine gebundene Masse entstanden ist. Eier nach und nach unterrühren (jedes Ei etwa ½ Minute). Crème fraîche unterrühren.

2 Mehl mit Backpulver mischen, sieben und portionsweise auf mittlerer Stufe unterrühren. Den Teig in 10–12 Papierbackförmchen füllen (jeweils 2 Förmchen ineinander stellen) und die Förmchen auf ein Backblech stellen. Das Backblech in den Backofen schieben.

Ober-/Unterhitze: etwa 180 °C (vorgeheizt)
Heißluft: etwa 160 °C (vorgeheizt)
Gas: etwa Stufe 3 (vorgeheizt)
Backzeit: etwa 20 Minuten

3 Die Muffins vom Backblech nehmen und auf einem Kuchenrost erkalten lassen.

4 Für die Bären mit Zuckerschrift Schokoladentaler für die Ohren und Schokolinsen für den Mund aufkleben.

5 Für die Schweine jeweils 1 ganzes Brausepulverkissen als Rüssel und 2 Brausepulverkissen-Hälften als Ohren mit Zuckerschrift ankleben. Mit Zuckerschrift ein Gesicht malen.

6 Für die Rentiere Schokolade in einem kleinen Topf im Wasserbad bei schwacher Hitze zu einer geschmeidigen Masse verrühren, in ein Pergamentpapiertütchen füllen, eine kleine Spitze abschneiden, Rentiergeweihe auf Backpapier spitzen (evtl. ein zweites Mal darüber spritzen, damit die Geweihe dicker werden) und im Kühlschrank fest werden lassen. Geweihe und Schokolinsen als Augen mit Zuckerschrift ankleben und mit Zuckerschrift ein Gesicht malen.

7 Für die Mäuse Schokoladentaler für die Ohren, Schokolinsen als Augen und Lakritzstücke als Barthaare mit Zuckerschrift ankleben. Die Lakritzschwänzchen in die Muffins stecken.

Tipp: *Anstelle von Zuckerschrift kann auch ein Puderzuckerguss aus 150 g gesiebtem Puderzucker und 2–3 Esslöffeln Wasser angerührt und mit Speisefarben eingefärbt werden.*

Rennwagen

Zutaten

Für den Rührteig:
250 g Butter oder Margarine
200 g Zucker
1 Pck. Vanillin-Zucker
5 Eier (Größe M)
250 g Weizenmehl
1 gestr. TL Backpulver
125 g abgezogene, gemahlene Mandeln

Für den Guss:
200 g gesiebter Puderzucker
1 Eiweiß (Größe M)
rote Speisefarbe

Lakritz
Schokotäfelchen

Für die Räder:
Gebäckreste vom Kastenkuchen
1 EL Aprikosenkonfitüre
1 TL gesiebtes Kakaopulver

Zubereitungszeit:
45 Minuten, ohne Trockenzeit

Insgesamt:
E: 99 g, F: 314 g, Kh: 637 g, kJ: 25038, kcal: 5981

ZUM VERSCHENKEN

1 Für den Teig Butter oder Margarine mit Handrührgerät mit Rührbesen auf höchster Stufe geschmeidig rühren. Nach und nach Zucker und Vanillin-Zucker unterrühren, so lange rühren, bis eine gebundene Masse entstanden ist. Eier nach und nach unterrühren (jedes Ei etwa ½ Minute).

2 Mehl mit Backpulver mischen, sieben und portionsweise auf mittlerer Stufe unterrühren. Mandeln unterrühren. Den Teig in eine gefettete, gemehlte Kastenform (25 x 11 cm) füllen und glattstreichen. Die Form auf dem Rost in den Backofen schieben.

Ober-/Unterhitze: etwa 180 °C (vorgeheizt, unteres Drittel)
Heißluft: etwa 160 °C (nicht vorgeheizt)
Gas: etwa Stufe 3 (nicht vorgeheizt)
Backzeit: etwa 50 Minuten

3 Den Kuchen 10 Minuten in der Form stehen lassen, ihn dann auf einen Kuchenrost stürzen und erkalten lassen. Den erkalteten Kuchen zurechtschneiden (siehe Foto unten). Die Gebäckreste zerbröseln und in eine Schüssel geben.

4 Für den Guss Puderzucker mit Eiweiß verrühren und etwas davon in ein Pergamentpapiertütchen füllen. Den restlichen Guss mit Speisefarbe einfärben. Das Auto damit überziehen, auf Backpapier setzen und trocknen lassen. Dann das Auto vorsichtig auf ein Tablett oder eine Tortenplatte legen.

5 Mit dem weißen Guss Ralleystreifen, Startnummer usw. aufmalen und Lakritz und Schokotäfelchen als Spoiler und Lenkrad befestigen.

6 Für die Räder die Gebäckbrösel mit Aprikosenkonfiüre verkneten, in 4 Teile teilen, jeweils zu einem Rad formen, den Rand mit Kakao bestreuen und die Räder mit Lakritzstücken an dem Wagen befestigen.

Abwandlung: *Nach Belieben zusätzlich 10 g gesiebtes Kakaopulver und 75 g gehackte Vollmilchschokolade unter den Teig rühren.*

Nelly Nilpferd

Zutaten

Für die Füllung:
- 1 Glas Sauerkirschen (Abtropfgewicht 370 g)
- 225 ml Sauerkirschsaft
- 30 g Speisestärke
- 1 EL Zucker

Für den Quark-Öl-Teig:
- 300 g Weizenmehl
- 1 Pck. Backpulver
- 150 g Magerquark
- 100 ml Milch
- 50 ml Speiseöl
- 75 g Zucker
- 1 Pck. Vanillin-Zucker
- 1 Prise Salz
- 1 Fläschchen Butter-Vanille-Aroma

- 1 Eigelb
- 2 EL Milch
- einige abgezogene, halbierte Mandeln
- einige Rosinen

Zubereitungszeit:
25 Minuten

Insgesamt:
E: 66 g, F: 75 g, Kh: 462 g, kJ: 12254, kcal: 2925

RAFFINIERT

1 Für die Füllung Sauerkirschen auf einem Sieb gut abtropfen lassen, dabei den Saft auffangen und 225 ml davon abmessen. Speisestärke mit etwas von dem Saft anrühren, den restlichen Saft in einem Topf zum Kochen bringen. Speisestärke einrühren und alles einmal aufkochen lassen. Die Kirschen unterrühren, mit dem Zucker abschmecken und abkühlen lassen.

2 Für den Teig Mehl mit Backpulver mischen und in eine Rührschüssel sieben. Quark, Milch, Öl, Zucker, Vanillin-Zucker, Salz und Butter-Vanille-Aroma hinzufügen. Die Zutaten mit Handrührgerät mit Knethaken auf höchster Stufe in etwa 1 Minute zu einem Teig verarbeiten (nicht zu lange, Teig klebt sonst).

3 Aus knapp der Hälfte des Teiges mit Hilfe einer Schablone ein Nilpferd auf einem gefetteten, mit Backpapier belegten Backblech ausrollen. Eigelb mit der Milch verrühren und den Rand des Nilpferds damit bestreichen. Die Mandeln als „Zähne" auflegen. Die Füllung auf den Teig geben, dabei 2 cm Rand frei lassen.

4 Den restlichen Teig (etwas für Ohr und Schwänzchen zurücklassen) auf einer leicht mit Mehl bestäubten Arbeitsfläche ebenfalls zu einem Nilpferd (etwa 1 cm größer als das Unterteil) ausrollen, über das mit Kirschmasse bestrichene Teigstück legen und den Rand gut andrücken.

5 Aus dem zurückgelassenen Teig ein Ohr und ein Schwänzchen formen und an das Nilpferd legen. Den Teig mit der restlichen Eigelbmilch bestreichen. Rosinen als Auge und Zehennägel in den Teig drücken. Das Backblech in den Backofen schieben.

Ober-/Unterhitze: 170–200 °C (vorgeheizt)
Heißluft: 150–180 °C (vorgeheizt)
Gas: Stufe 3–4 (vorgeheizt)
Backzeit: etwa 25 Minuten

6 Das Gebäck vom Backblech lösen und auf dem Kuchenrost erkalten lassen.

Tipp: *Nach Belieben etwas zerlassene Zartbitterschokolade in ein Pergamentpapiertütchen füllen, eine kleine Spitze abschneiden und die Konturen des Nilpferds mit der Schokolade nachziehen.*

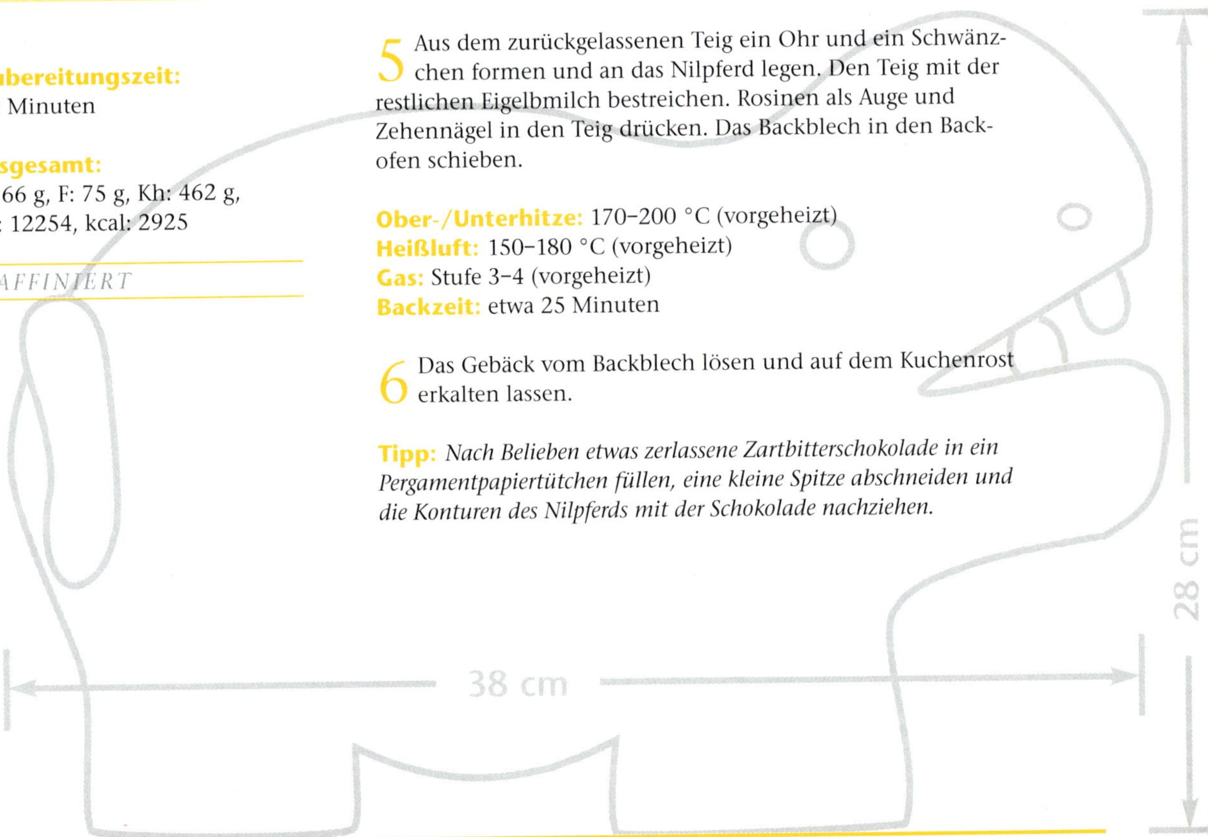

Gameboy

Zutaten

Für den Rührteig:
250 g Butter oder Margarine
200 g Zucker
1 Pck. Vanillin-Zucker
5 Eier (Größe M)
250 g Weizenmehl
1 gestr. TL Backpulver
125 g abgezogene, gemahlene Mandeln

Zum Bestreichen und Belegen:
100 g Aprikosenkonfitüre
150 g Marzipan-Rohmasse
30 g gesiebter Puderzucker
gelbe und rote Speisefarbe

Für den Guss:
100 g gesiebter Puderzucker
1–2 EL Wasser oder Zitronensaft
Speisefarbe

1 Lakritzschnecke
2 Mikadostäbchen (Gebäckstäbchen mit Schokolade)
1 Schokolinse

Zubereitungszeit:
45 Minuten, ohne Trockenzeit

Insgesamt:
E: 112 g, F: 361 g, Kh: 662 g, kJ: 27552, kcal: 6581

ZUM VERSCHENKEN

1 Für den Teig Butter oder Margarine mit Handrührgerät mit Rührbesen auf höchster Stufe geschmeidig rühren. Nach und nach Zucker und Vanillin-Zucker unterrühren, so lange rühren, bis eine gebundene Masse entstanden ist. Eier nach und nach unterrühren (jedes Ei etwa ½ Minute).

2 Mehl mit Backpulver mischen, sieben und portionsweise auf mittlerer Stufe unterrühren. Mandeln unterrühren. Den Teig in eine gefettete, gemehlte Kastenform (25 x 11 cm) füllen und glattstreichen. Die Form auf dem Rost in den Backofen schieben.

Ober-/Unterhitze: etwa 180 °C (vorgeheizt, unteres Drittel)
Heißluft: etwa 160 °C (nicht vorgeheizt)
Gas: etwa Stufe 3 (nicht vorgeheizt)
Backzeit: etwa 50 Minuten

3 Den Kuchen 10 Minuten in der Form stehen lassen, ihn dann auf einen Kuchenrost stürzen und erkalten lassen. Den Bruch des Kuchens abschneiden, so dass ein Rechteck entsteht (der Gebäckrest wird nicht mehr benötigt, nach Belieben für Rumkugeln oder ein Dessert verwenden).

4 Aprikosenkonfitüre durch ein Sieb streichen und das Gebäckrechteck damit bestreichen. Marzipan-Rohmasse mit Puderzucker verkneten und ⅔ davon mit Speisefarbe gelb, den Rest rot einfärben. Das gelbe Marzipan zwischen 2 Lagen Klarsichtfolie dünn ausrollen, auf das Gebäckrechteck legen, dieses ganz darin einpacken und gut andrücken.

5 Das rote Marzipan wie oben angegeben ausrollen, daraus einen „Bildschirm“ ausschneiden und mit Konfitüre auf dem Gameboy befestigen. Aus dem restlichen Marzipan Schaltkreuz und Stecker formen.

6 Für den Guss Puderzucker mit Wasser oder Zitronensaft verrühren, mit Speisefarbe einfärben, in ein Pergamentpapiertütchen füllen, eine kleine Spitze abschneiden und den Gameboy damit verzieren. Mit Lakritzschnüren, Mikadostäbchen und Schokolinse garnieren.

Abwandlung: *Anstelle des Gameboys kann aus dem Gebäckrechteck auch ein* ***Handy*** *zubereitet werden. Dazu das Gebäck mit 150 g aufgelöster Vollmilchkuvertüre überziehen. Schokolinsen als Zahlentasten auf den noch feuchten Guss kleben. 50 g Marzipan-Rohmasse mit 1 Esslöffel gesiebtem Puderzucker verkneten, mit gelber Speisefarbe einfärben, zwischen 2 Lagen Klarsichtfolie ausrollen, ein „Display“ ausschneiden und auf das Handy kleben. Kügelchen als Bedienungsknöpfe aus dem Marzipan formen und darauf legen. Aus dem restlichen Marzipan einen Stecker formen und mit Lakritzschnüren am Handy befestigen. Mit Zuckerschrift Zahlen auf die Schokolinsen schreiben. Als Antenne eine halbe Grissinistange anstecken.*

GAME Boy
COLOR
A
B
START

Tischlaternen

(2 Stück)

Zutaten

Für den Knetteig:
250 g Weizenmehl
1 TL Backpulver
100 g Zucker
1 Pck. Vanillin-Zucker
1 Prise Salz
1 Pck. Geriebene Zitronenschale
1 Eigelb (Größe M)
125 g Butter oder Margarine

1 Eigelb
1 EL Milch
gemahlene Haselnusskerne
Zucker
50 g Halbbitter-Kuvertüre

Zubereitungszeit:
30 Minuten, ohne Kühlzeit

Insgesamt:
E: 40 g, F: 132 g, Kh: 344 g,
kJ: 11809, kcal: 2821

FÜR GÄSTE

1 Für den Teig Mehl mit Backpulver mischen und in eine Rührschüssel sieben. Zucker, Vanillin-Zucker, Salz, Zitronenschale, Eigelb und Butter oder Margarine hinzufügen. Die Zutaten mit Handrührgerät mit Knethaken zunächst kurz auf niedrigster, dann auf höchster Stufe gut durcharbeiten.

2 Anschließend auf der bemehlten Arbeitsfläche zu einem glatten Teig verkneten. Sollte er kleben, ihn in Folie gewickelt 20–30 Minuten kalt stellen.

3 Den Teig halbieren, beide Hälften zu Rechtecken von je 11 x 51 cm ausrollen. Aus jedem Rechteck 1 Quadrat von 11 x 11 cm und 4 Rechtecke von 11 x 10 cm ausschneiden und nebeneinander auf mit Backpapier belegte Backbleche legen.

4 Aus den Rechtecken in der Mitte mit kleinen Formen Figuren ausstechen (nicht zu nah am Rand!). Die Teigreste wieder verkneten, ausrollen, nach Belieben Blätter ausschneiden und mit auf die Backbleche legen.

5 Eigelb mit Milch verquirlen und alle Teigstücke damit bestreichen. Die Blätter mit Haselnüssen und Zucker bestreuen. Die Backbleche in den Backofen schieben.

Ober-/Unterhitze: etwa 200 °C (vorgeheizt)
Heißluft: etwa 180 °C (vorgeheizt)
Gas: Stufe 3–4 (vorgeheizt)
Backzeit: 10–15 Minuten pro Backblech, die Blätter etwas früher herausnehmen

6 Das Gebäck auf dem Backblech auf einem Rost erkalten lassen.

7 Kuvertüre in einem kleinen Topf im Wasserbad bei schwacher Hitze zu einer geschmeidigen Masse verrühren, in ein Pergamentpapiertütchen füllen und eine kleine Spitze abschneiden.

8 Für jede Laterne jeweils das Quadrat als Bodenplatte auf ein Stück Backpapier legen. Etwas Kuvertüre auf die Ränder der Gebäckrechtecke spritzen und diese so zu einer Laterne zusammensetzen. Die Platten dabei immer etwas abstützen, bis die Kuvertüre fest geworden ist.

Tipp: *Nach Belieben rote Blattgelatine von innen mit Kuvertüre an die „Fenster“ kleben und ein Teelicht in die Laterne stellen.*

Igel

(10 Stück)

1 Für den Teig Mehl mit Backpulver mischen und in eine Rührschüssel sieben. Quark, Milch, Öl, Zucker, Vanillin-Zucker, Butter-Vanille-Aroma und Salz hinzufügen. Die Zutaten mit Handrührgerät mit Knethaken auf höchster Stufe in etwa 1 Minute zu einem Teig verarbeiten (nicht zu lange, Teig klebt sonst).

2 Anschließend auf der bemehlten Arbeitsfläche zu einer Rolle formen. Den Teig gleichmäßig in 10 Portionen teilen. Jedes Stück wie eine Birne formen und auf ein mit Backpapier belegtes Backblech legen.

3 Mandelstifte als Stacheln und Korinthen oder Rosinen als Augen und Nase tief in den Teig stecken. Das Backblech in den Backofen schieben.

Ober-/Unterhitze: etwa 180 °C (vorgeheizt)
Heißluft: etwa 160 °C (vorgeheizt)
Gas: Stufe 3–4 (vorgeheizt)
Backzeit: etwa 20 Minuten

4 Das Gebäck auf dem Backblech erkalten lassen.

Tipp: *Die Igel eignen sich gut als „Platzkärtchen" zum Aufessen oder Mitnehmen für einen Kindergeburtstag.*

Zutaten

Für den Quark-Öl-Teig:
200 g Weizenmehl
2 TL Backpulver
75 g Magerquark
50 ml Milch
50 ml Speiseöl
40 g Zucker
1 Pck. Vanillin-Zucker
1 Fläschchen Butter-Vanille-Aroma
1 Prise Salz

abgezogene, gestiftelte Mandeln
Korinthen oder Rosinen

Zubereitungszeit:
20 Minuten

Insgesamt:
E: 35 g, F: 59 g, Kh: 216 g,
kJ: 6740, kcal: 1610

SCHNELL

Eisenbahn

Zutaten

Für den Biskuitteig:
4 Eier (Größe M)
2 EL heißes Wasser
75 g Zucker
1 Pck. Vanillin-Zucker
75 g Weizenmehl
50 g Speisestärke
1 Msp. Backpulver

150 g Himbeerkonfitüre

Für den Rührteig:
250 g Butter oder Margarine
200 g Zucker
1 Pck. Vanillin-Zucker
5 Eier (Größe M)
250 g Weizenmehl
1 gestr. TL Backpulver
125 g abgezogene, gemahlene Mandeln

Für den Guss:
100 g gesiebter Puderzucker
2 EL Zitronensaft

Zum Garnieren:
saure Pfirsichringe
Zuckererdbeeren
Schokoladenplätzchen
Mikadostäbchen (Gebäckstäbchen mit Schokolade)
Lakritzschnecken

Zubereitungszeit:
40 Minuten, ohne Trockenzeit

Insgesamt:
E: 136 g, F: 342 g, Kh: 798 g, kJ: 29674, kcal: 7089

ZUM VERSCHENKEN

1 Für den Biskuitteig Eier und Wasser mit Handrührgerät mit Rührbesen auf höchster Stufe in 1 Minute schaumig schlagen. Zucker mit Vanillin-Zucker mischen, in 1 Minute einstreuen, dann noch etwa 2 Minuten schlagen.

2 Mehl, Speisestärke und Backpulver mischen, die Hälfte davon auf die Eiercreme sieben und kurz auf niedrigster Stufe unterrühren. Den Rest des Mehlgemisches auf dieselbe Weise unterarbeiten.

3 Den Teig auf ein gefettetes, mit Backpapier belegtes Backblech streichen, die offene Seite mit einem mehrfach geknickten Papierstreifen verschließen. Das Backblech in den Backofen schieben und sofort backen.

Ober-/Unterhitze: 200–220 °C (vorgeheizt)
Heißluft: –
Gas: Stufe 4–5 (vorgeheizt)
Backzeit: 10–15 Minuten

4 Die Biskuitplatte sofort nach dem Backen auf ein mit Zucker bestreutes Geschirrtuch stürzen und das Backpapier vorsichtig, aber schnell abziehen. Himbeerkonfitüre durch ein Sieb streichen, die heiße Gebäckplatte damit bestreichen, sofort aufrollen und erkalten lassen.

5 Für den Rührteig Butter oder Margarine mit Handrührgerät mit Rührbesen auf höchster Stufe geschmeidig rühren. Nach und nach Zucker und Vanillin-Zucker unterrühren, so lange rühren, bis eine gebundene Masse entstanden ist. Eier nach und nach unterrühren (jedes Ei etwa ½ Minute).

6 Mehl mit Backpulver mischen, sieben und portionsweise auf mittlerer Stufe unterrühren. Mandeln unterrühren. Den Teig in eine gefettete, gemehlte Kastenform (25 x 11 cm) füllen und glattstreichen. Die Form auf dem Rost in den Backofen schieben.

Ober-/Unterhitze: etwa 180 °C (vorgeheizt, unteres Drittel)
Heißluft: etwa 160 °C (nicht vorgeheizt)
Gas: etwa Stufe 3 (nicht vorgeheizt)
Backzeit: etwa 50 Minuten

7 Den Kuchen 10 Minuten in der Form stehen lassen, ihn dann auf einen Kuchenrost stürzen und erkalten lassen.

8 Von dem erkalteten Kuchen 3 Scheiben (2–3 cm dick) abschneiden und flach auf die Arbeitsfläche legen. Den Bruch vom restlichen Kastenkuchen abschneiden (für den Schornstein). Das übrige Rechteck einmal waagerecht durchschneiden. Das eine Stück hochkant im rechten Winkel an das andere Stück setzen (als Lokomotive).

(Fortsetzung Seite 40)

(Fortsetzung von Seite 38)

9 Von der erkalteten Biskuitrolle ein Stück in der Länge des Lokomotiven-Rechtecks abschneiden und auf die Lokomotive legen. Die restliche Biskuitrolle in 3 gleich große Stücke schneiden und jeweils ein Stück auf jede Kastenkuchen-Scheibe legen.

10 Für den Guss Puderzucker mit Zitronensaft zu einer zähflüssigen Masse verrühren, in ein Pergamentpapiertütchen füllen, eine kleine Spitze abschneiden und die Gebäckteile damit aneinanderkleben. Aus dem Bruch Schornsteine ausschneiden und auf die Lokomotive kleben.

11 Die Eisenbahn mit Pfirsichringen, Zuckererdbeeren, Schokoladenplätzchen und Mikadostäbchen garnieren. Die Lakritzschnecken auseinanderrollen und als Schienen auf eine Platte legen. Die Eisenbahnteile darauf legen.

Tipp: *Die Eisenbahn kann auch nach Belieben mit anderen Süßigkeiten garniert werden.*

Süße Schulhefte

Zutaten

Für den Knetteig:
100 g Weizenmehl
30 g Zucker
1 Pck. Vanillin-Zucker
3 Tropfen Zitronen-Aroma
1 Eigelb (Größe M)
50 g Butter oder Margarine

Für die Füllung:
4 Riegel zu je 3 Stücken Vollmilchschokolade (etwa 60 g)

1 Eigelb
1 EL Milch

Für den Guss:
200 g gesiebter Puderzucker
etwas Eiweiß
Speisefarben

1 Für den Teig Mehl in eine Rührschüssel sieben. Zucker, Vanillin-Zucker, Zitronen-Aroma, Eigelb und Butter oder Margarine hinzufügen. Die Zutaten mit Handrührgerät mit Knethaken zunächst kurz auf niedrigster, dann auf höchster Stufe gut durcharbeiten.

2 Anschließend auf der Arbeitsfläche zu einem glatten Teig verkneten und eine Zeitlang kalt stellen.

3 Den Teig dünn ausrollen, 8 Rechtecke (8 x 15 cm) daraus schneiden. 4 Teigstücke auf ein mit Backpapier belegtes Backblech legen.

4 Für die Füllung je 1 Schokoladenriegel auf die Mitte der 4 Teigstücke legen. Eigelb mit Milch verschlagen und die Teigränder damit bestreichen. Die restlichen Teigstücke darauflegen und die Ränder gut andrücken. Das Backblech in den Backofen schieben.

Ober-/Unterhitze: 170–200 °C (vorgeheizt)
Heißluft: 150–180 °C (vorgeheizt)
Gas: Stufe 3–4 (vorgeheizt)
Backzeit: etwa 10 Minuten

5 Das Gebäck vom Backblech nehmen und auf einem Kuchenrost erkalten lassen.

6 Für den Guss Puderzucker mit so viel Eiweiß glattrühren, dass eine zähflüssige Masse entsteht, in unterschiedliche Schälchen füllen und mit Speisefarben einfärben. Die „Hefte" damit überziehen und trocknen lassen.

7 Den restlichen Guss in Pergamentpapiertütchen füllen, eine kleine Spitze abschneiden und die Schulhefte damit verzieren.

Tipp: *Nach Belieben die Schulhefte zusätzlich mit Süßigkeiten garnieren.*

Zubereitungszeit:
40 Minuten, ohne Kühl- und Trockenzeit

Insgesamt:
E: 23 g, F: 71 g, Kh: 344 g, kJ: 8957, kcal: 2139

EINFACH

Zoo

Zutaten

Für den Teig:
2 Eier (Größe M)
125 g Zucker
1 Pck. Vanillin-Zucker
60 ml Speiseöl
75 ml Orangenlimonade
125 g Weizenmehl
1 ½ gestr. TL Backpulver

Für die Creme:
1 Pck. Paradies-Creme Vanille-Geschmack (Pudding-Pulver ohne Kochen)
200 g Schmand (Sauerrahm)
200 ml Schlagsahne

Zum Verzieren und Garnieren:
300 g Schoko-Konfektröllchen, z. B. Amicelli
100 g Marzipan-Rohmasse
30 g gesiebter Puderzucker
grüne und gelbe Speisefarbe

Für die Tiere und Palmen (Knetteig):
125 g Weizenmehl
½ gestr. TL Backpulver
40 g Zucker
1 Eigelb (Größe M)
60 g Butter

Für den Guss:
150 g gesiebter Puderzucker
1–2 EL Wasser oder Zitronensaft
Speisefarben

Zubereitungszeit:
70 Minuten, ohne Kühl- und Trockenzeit

Insgesamt:
E: 95 g, F: 323 g, Kh: 798 g, kJ: 27934, kcal: 6672

ZUM VERSCHENKEN

1 Für den Teig Eier, Zucker und Vanillin-Zucker mit Handrührgerät mit Rührbesen auf höchster Stufe schaumig schlagen. Öl und Orangenlimonade unterrühren.

2 Mehl mit Backpulver mischen, sieben und portionsweise auf mittlerer Stufe unterrühren. Den Teig in eine Springform (Ø 26 cm, Boden gefettet, mit Backpapier belegt) füllen. Die Form auf dem Rost in den Backofen schieben.

Ober-/Unterhitze: etwa 180 °C (vorgeheizt)
Heißluft: etwa 160 °C (vorgeheizt)
Gas: etwa Stufe 3 (vorgeheizt)
Backzeit: 25–30 Minuten

3 Den Boden aus der Form lösen, auf einen Kuchenrost stürzen, das Backpapier abziehen und den Boden erkalten lassen. Den erkalteten Boden auf eine Tortenplatte legen.

4 Für die Creme Paradies-Creme mit Schmand und Sahne mit einem Schneebesen gut verrühren und Kuchenrand und -oberfläche damit bestreichen.

5 Die Hälfte der Konfektröllchen halbieren, von den restlichen etwa 2 cm abschneiden und die Röllchen abwechselnd als Zaun an den Kuchenrand setzen (die Konfektreste z. B. für ein Dessert verwenden). Die Torte kalt stellen.

6 Marzipan-Rohmasse mit Puderzucker verkneten, ⅔ davon mit Speisefarbe grün, den Rest gelb einfärben. Die Massen getrennt als „Rasen" und „Sand" durch eine Mehrzweckmühle oder eine Kartoffelpresse geben und auf einen Teller legen.

7 Für die Tiere und Palmen Mehl mit Backpulver mischen und in eine Rührschüssel sieben. Zucker, Eigelb und Butter hinzufügen. Die Zutaten mit Handrührgerät mit Knethaken zunächst kurz auf niedrigster, dann auf höchster Stufe durcharbeiten. Anschließend auf der Arbeitsfläche zu einem glatten Teig verkneten und etwa 30 Minuten kalt stellen.

8 Den gekühlten Teig kurz durchkneten, zwischen 2 Lagen Klarsichtfolie ausrollen, exotische Tiere und Palmen ausstechen und auf ein gefettetes, mit Backpapier belegtes Backblech legen. Das Backblech in den Backofen schieben.

Ober-/Unterhitze: etwa 200 °C (vorgeheizt)
Heißluft: etwa 180 °C (vorgeheizt)
Gas: Stufe 3–4 (vorgeheizt)
Backzeit: 8–10 Minuten

9 Die Plätzchen vom Backblech nehmen und erkalten lassen.

(Fortsetzung Seite 44)

ZOO

(Fortsetzung von Seite 42)

Basisversion:
Zoogelände bis Punkt 6 mit gekauften Tierfiguren (Kekse, Schokolade, Marzipan)

Profiversion:
Zoo mit selbstgebackenen Tieren bis Punkt 11

10 Für den Guss Puderzucker mit Wasser oder Zitronensaft zu einer zähflüssigen Masse verrühren (nicht zu flüssig, damit die Farben nicht verlaufen), in Schälchen verteilen und mit unterschiedlichen Speisefarben einfärben. Die Güsse getrennt in Pergamentpapiertütchen füllen, je eine kleine Spitze abschneiden, die Plätzchen damit verzieren und trocknen lassen.

11 „Rasen" und „Sand" auf der Torte verteilen und die Tiere und Palmen hineinstecken.

Tipp: *Falls Sie keine Plätzchenausstecher für die Tiere und Palmen haben, können diese auch mit Hilfe von selbstgemachten Papierschablonen ausgeschnitten werden.*

Pferdetorte

Zutaten

Für den Teig:
4 Eier (Größe M)
250 g Zucker
1 Pck. Vanillin-Zucker
125 ml (⅛ l) Speiseöl
150 ml Orangenlimonade
250 g Weizenmehl
3 gestr. TL Backpulver

Für den Guss:
150 g gesiebter Puderzucker
2–3 EL Orangenlimonade
1 EL gesiebtes Kakaopulver

1 Pck. (12 Stück) Torten-Dekor-Marzipanmöhrchen

Zubereitungszeit:
20 Minuten, ohne Trockenzeit

Insgesamt:
E: 63 g, F: 166 g, Kh: 652 g, kJ: 18661, kcal: 4457

EINFACH

1 Für den Teig Eier, Zucker und Vanillin-Zucker mit Handrührgerät mit Rührbesen auf höchster Stufe schaumig schlagen. Öl und Orangenlimonade unterrühren.

2 Mehl mit Backpulver mischen, sieben und portionsweise auf mittlerer Stufe unterrühren. Den Teig in eine Springform (Ø 28 cm, Boden gefettet, mit Backpapier belegt) füllen. Die Form auf dem Rost in den Backofen schieben.

Ober-/Unterhitze: etwa 180 °C (vorgeheizt)
Heißluft: etwa 160 °C (nicht vorgeheizt)
Gas: etwa Stufe 3 (nicht vorgeheizt)
Backzeit: etwa 35 Minuten

3 Den Kuchen aus der Form lösen, auf einen Kuchenrost stürzen, das Backpapier abziehen und den Kuchen erkalten lassen.

4 Für den Guss Puderzucker mit Orangenlimonade zu einer zähflüssigen Masse verrühren. Etwas von dem Guss mit Kakao verrühren und in ein Pergamentpapiertütchen füllen. Mit dem hellen Guss den Kuchen überziehen und trocknen lassen.

5 Mit dem braunen Guss einen Pferdekopf und Randverzierungen spritzen und trocknen lassen. Die Marzipanmöhrchen mit etwas Guss auf der Torte befestigen.

Tipp: *Anstelle des Pferdekopfes können natürlich auch beliebige andere Verzierungen aufgespritzt werden.*

Mensch-ärgere-Dich-nicht-Torte

Zutaten

Für den Rührteig:
175 g Butter oder Margarine
175 g Zucker
1 Pck. Vanillin-Zucker
4 Eier (Größe M)
225 g Weizenmehl
1 gestr. TL Backpulver
20 g Kakaopulver

Für die Füllung:
500 g Himbeeren
400–500 ml Schlagsahne
20 g Zucker
1–2 Pck. Sahnesteif

Für die Garnitur:
300 g Marzipan-Rohmasse
150 g gesiebter Puderzucker
3 EL Himbeergelee
rote, gelbe, blaue und grüne Speisefarbe
knapp 1 TL gesiebtes Kakaopulver

Zubereitungszeit:
50 Minuten, ohne Kühlzeit

Insgesamt:
E: 115 g, F: 422 g, Kh: 766 g, kJ: 31563, kcal: 7539

RAFFINIERT

1 Für den Teig Butter oder Margarine mit Handrührgerät mit Rührbesen auf höchster Stufe geschmeidig rühren. Nach und nach Zucker und Vanillin-Zucker unterrühren, so lange rühren, bis eine gebundene Masse entstanden ist. Eier nach und nach unterrühren (jedes Ei etwa ½ Minute).

2 Mehl mit Backpulver und Kakao mischen, sieben und portionsweise auf mittlerer Stufe unterrühren. Ein leicht gefettetes Backblech mit Backpapier belegen und einen eckigen Backrand (24 x 24 cm) darauf setzen. Den Teig hineinfüllen und glattstreichen. Das Backblech in den Backofen schieben.

Ober-/Unterhitze: 180–200 °C (vorgeheizt)
Heißluft: 160–180 °C (nicht vorgeheizt)
Gas: Stufe 3–4 (nicht vorgeheizt)
Backzeit: etwa 35 Minuten

3 Backrand und Backpapier entfernen und den Boden auf einem Kuchenrost erkalten lassen. Den erkalteten Boden einmal waagerecht durchschneiden.

4 Für die Füllung Himbeeren verlesen, nicht waschen. Sahne mit Zucker und Sahnesteif steif schlagen. Den unteren Boden mit Sahne bestreichen, die Himbeeren darauf verteilen und mit dem oberen Boden bedecken.

5 Für die Garnitur Marzipan-Rohmasse mit Puderzucker verkneten. 200 g davon zwischen 2 Lagen Klarsichtfolie zu einem Quadrat in Größe des Bodens ausrollen. Himbeergelee unter Rühren erwärmen, den oberen Boden damit bestreichen und mit dem Marzipanquadrat belegen.

6 Von dem restlichen Marzipan etwa 75 g abwiegen, mit gelber Speisefarbe einfärben, dünn ausrollen, 36 Plättchen (Ø etwa 1,5 cm) ausstechen und beiseite legen.

7 Das restliche Marzipan in 4 Teile teilen. 3 Teile jeweils mit roter, blauer und grüner Speisefarbe einfärben, unter den 4. Teil den Kakao kneten. Das eingefärbte Marzipan dünn ausrollen und je 1 Plättchen (Ø etwa 1,5 cm) und 8 Plättchen (Ø etwa 1 cm) ausstechen. Aus den restlichen Marzipanmassen jeweils 4 Spielfiguren formen. Die Plättchen im Spielfeld verteilen und die Spielfiguren aufsetzen.

Tipp: *Wer keinen Backrand hat, kann auch aus starker Alufolie ein Quadrat formen und auf das Backblech setzen.*

Dich

Minikuchen

(24 Stück)

Zutaten

Für den Rührteig:
125 g Butter oder Margarine
125 g Zucker
1 Pck. Vanillin-Zucker
2 Eier (Größe M)
250 g Weizenmehl
2 gestr. TL Backpulver
100 ml Milch

Für die Kirschküchlein:
100 g Sauerkirschen (aus dem Glas)

Für die Schokoküchlein:
50 g gehackte Vollmilchschokolade
1 EL gemahlene Haselnusskerne

Zum Verzieren und Garnieren:
150 g gesiebter Puderzucker
2 EL Wasser
bunte Schokolinsen
1 EL Schokostreusel
1 EL Kokosraspel
Weingummi oder Geleefrüchte

Zubereitungszeit:
25 Minuten

Insgesamt:
E: 58 g, F: 160 g, Kh: 563 g,
kJ: 16842, kcal: 4023

SCHNELL

1 Für den Teig Butter oder Margarine mit Handrührgerät mit Rührbesen auf höchster Stufe geschmeidig rühren. Nach und nach Zucker und Vanillin-Zucker unterrühren, so lange rühren, bis eine gebundene Masse entstanden ist. Eier nach und nach unterrühren (jedes Ei etwa ½ Minute).

2 Mehl mit Backpulver mischen, sieben und portionsweise abwechselnd mit Milch auf mittlerer Stufe unterrühren.

3 Für die Kirschküchlein Sauerkirschen auf einem Sieb gut abtropfen lassen. Die Hälfte des Teiges mit Hilfe von 2 Teelöffeln in 12 Papierbackförmchen füllen (am besten jeweils 2 Papierbackförmchen ineinanderstellen, sie sind dann stabiler) und die Förmchen auf ein Backblech stellen. Die Kirschen auf dem Teig verteilen.

4 Für die Schokoküchlein unter die zweite Teighälfte Schokolade und Haselnüsse rühren. Den Teig ebenfalls in 12 Papierbackförmchen füllen und mit auf das Backblech stellen. Das Backblech in den Backofen schieben.

Ober- und Unterhitze: 180–200 °C (vorgeheizt)
Heißluft: 160–180 °C (vorgeheizt)
Gas: Stufe 3–4 (vorgeheizt)
Backzeit: 15–20 Minuten

5 Die Küchlein vom Backblech nehmen und auf einem Kuchenrost erkalten lassen.

6 Puderzucker mit Wasser zu einer zähflüssigen Masse verrühren, in ein Pergamentpapiertütchen füllen, eine kleine Spitze abschneiden und die Schokoküchlein mit Gesichtern aus Guss verzieren. Mit Schokolinsen, Schokostreuseln und Kokosraspeln garnieren. Die Kirschküchlein mit einem Spieß aus Weingummi oder Geleefrüchten garnieren.

Ach-du-Schreck-Torte

Zutaten

Für den Rührteig:
375 g Butter
300 g Zucker
½ Pck. Geriebene Zitronenschale
1 Prise Salz
8 Eier (Größe M)
375 g Weizenmehl
1 Pck. Backpulver
75 ml Schlagsahne
1 Pck. Saucenpulver Vanille-Geschmack (zum Kochen)
1 Beutel aus 1 Pck. Götterspeise Himbeer-Geschmack
1 Beutel aus 1 Pck. Götterspeise Waldmeister-Geschmack

Für die Buttercreme:
1 Pck. Pudding-Pulver Kirsch- oder Himbeer-Geschmack
100 g Zucker
500 ml (½ l) Milch
250 g weiche Butter
½ Pck. Geriebene Zitronenschale

z. B. Marzipanblätter, Puffreis, Marzipanfiguren

Zubereitungszeit:
60 Minuten, ohne Kühlzeit

Insgesamt:
E: 180 g, F: 619 g, Kh: 834 g, kJ: 41605, kcal: 9935

ZUM VERSCHENKEN

1 Für den Teig Butter mit Handrührgerät mit Rührbesen auf höchster Stufe geschmeidig rühren. Nach und nach Zucker, Zitronenschale und Salz unterrühren, so lange rühren, bis eine gebundene Masse entstanden ist. Eier nach und nach unterrühren (jedes Ei etwa ½ Minute).

2 Mehl mit Backpulver mischen, sieben und abwechselnd portionsweise mit Sahne auf mittlerer Stufe unterrühren.

3 Den Teig in 3 Teile teilen. Eine Teigportion mit Saucenpulver, die zweite mit dem roten und die dritte mit dem grünen Götterspeisepulver verrühren. Mit Hilfe von 2 Teelöffeln Teighäufchen im farblichen Wechsel auf ein gefettetes Backblech (30 x 40 cm) setzen. Evtl. mit einer Teigkarte glattstreichen. Das Backblech in den Backofen schieben.

Ober-/Unterhitze: 170–200 °C (vorgeheizt)
Heißluft: 160–180 °C (nicht vorgeheizt)
Gas: Stufe 3–4 (nicht vorgeheizt)
Backzeit: etwa 35 Minuten

4 Das Gebäck auf dem Backblech auf einem Rost erkalten lassen. Dann 3 runde Böden ausschneiden (Ø 24, 16 und 10 cm). Die Böden jeweils einmal waagerecht durchschneiden.

5 Für die Buttercreme aus Pudding-Pulver, Zucker und Milch nach Packungsanleitung einen Pudding kochen und erkalten lassen, dabei ab und zu durchrühren.

6 Butter geschmeidig rühren. Den erkalteten Pudding esslöffelweise darunter rühren (darauf achten, dass weder Butter noch Pudding zu kalt sind, da die Creme sonst gerinnt). Zitronenschale unterrühren.

7 Die unteren Gebäckböden mit etwas von der Creme bestreichen, die oberen Böden darauf setzen und gut andrücken. Die Kuchen einzeln ganz mit Creme bestreichen und aufeinander setzen. Die Torte einige Stunden kalt stellen.

8 Die Torte mit Marzipanblättern, Puffreis oder Marzipanfiguren beliebig „schön schrecklich“ garnieren.

Tipp: *Zum Garnieren der Torte bunte Baiserherzen backen. Dazu 2 Eiweiß mit Handrührgerät mit Rührbesen auf höchster Stufe zu sehr steifem Schnee schlagen, dabei nach und nach 100 g gesiebten Puderzucker unterrühren. Den Eischnee in verschiedene Schälchen geben, nach Belieben mit Speisefarben einfärben. In einen Spritzbeutel mit Sterntülle füllen und Herzen auf ein mit Backpapier belegtes Backblech spritzen. Im Backofen 70–100 Minuten trocknen lassen [Ober-/Unterhitze: 110–130 °C (vorgeheizt), Heißluft: etwa 100 °C (nicht vorgeheizt), Gas: 25 Minuten Stufe 1, 25 Minuten aus, 25 Minuten Stufe 1 (nicht vorgeheizt)].*

Schlange

Zutaten

Für die Schokoladencreme:
100 g Halbbitter-Kuvertüre
400 g Vollmilch-Kuvertüre
250 g Kokosfett
250 ml (¼ l) Schlagsahne
2 Pck. Vanillin-Zucker
1 Pck. Orangenfrucht

2 Pck. (300 g) Mini-Butterkekse
2 Schokolinsen
Zuckerschrift
Weingummiband

Zubereitungszeit:
20 Minuten, ohne Kühlzeit

Insgesamt:
E: 63 g, F: 548 g, Kh: 467 g, kJ: 30347, kcal: 7250

OHNE BACKEN

Tipps: *Gut gekühlt ist die Schlange einige Tage haltbar. Nach Belieben die Kranzform mit Klarsichtfolie auslegen.*

1 Für die Schokoladencreme beide Kuvertüresorten grob hacken, mit Kokosfett und Sahne zusammen in einem Topf im Wasserbad bei schwacher Hitze zu einer geschmeidigen Masse verrühren. Vanillin-Zucker und Orangenfrucht gut unterrühren.

2 Den Boden einer Kranzform (Ø 24 cm) mit einigen Butterkeksen auslegen und mit so viel Creme bestreichen, dass die Kekse bedeckt sind. Wieder mit Keksen bedecken und mit Creme bestreichen.

3 Den Vorgang wiederholen, bis Kekse und Creme aufgebraucht sind. Die letzte Schicht sollte aus Keksen bestehen. Die Form über Nacht in den Kühlschrank stellen.

4 Die Form kurz in heißes Wasser tauchen und den Kranzkuchen auf eine Platte stürzen. Den Kuchen senkrecht vierteln und die Viertel zu einer Schlange zusammenlegen.

5 Ein Ende als Kopf spitz zuschneiden, die abgeschnittenen Stücke als Schwanz ansetzen. Schokolinsen mit Zuckerschrift als Augen an den Kopf kleben. Das Weingummiband als Zunge zurechtschneiden, einen kleinen Spalt in den Schlangenkopf schneiden und die Zunge hineinstecken. Die Schlange gut gekühlt servieren.

Maibaumtorte

Zutaten

Für den Rührteig:
250 g Butter oder Margarine
200 g Zucker
1 Pck. Vanillin-Zucker
4 Eier (Größe M)
350 g Weizenmehl
3 gestr. TL Backpulver

Für die Buttercreme:
1 Pck. Pudding-Pulver Vanille-Geschmack
80 g Zucker
500 ml (½ l) Milch
200 g Butter

Zum Verzieren und Garnieren:
75 g Kokosraspel
grüne Speisefarbe
1 Beutel aus 1 Pck. Götterspeise Waldmeister-Geschmack
400 ml Wasser
4 gut geh. EL Zucker
1 Zuckerstange

Zubereitungszeit:
35 Minuten, ohne Kühlzeit

Insgesamt:
E: 101 g, F: 464 g, Kh: 670 g,
kJ: 31192, kcal: 7450

FÜR GÄSTE

Basisversion:
Torte bis Punkt 6 zubereiten und mit der Zuckerstange garnieren

Profiversion:
Torte mit Götterspeisenfiguren bis Punkt 8

1 Für den Teig Butter oder Margarine mit Handrührgerät mit Rührbesen auf höchster Stufe geschmeidig rühren. Nach und nach Zucker und Vanillin-Zucker unterrühren, so lange rühren, bis eine gebundene Masse entstanden ist. Eier nach und nach unterrühren (jedes Ei etwa ½ Minute).

2 Mehl mit Backpulver mischen, sieben und portionsweise auf mittlerer Stufe unterrühren. Den Teig in eine Springform (Ø 26 cm, Boden gefettet) füllen und glattstreichen. Die Form auf dem Rost in den Backofen schieben.

Ober-/Unterhitze: etwa 180 °C (vorgeheizt, unteres Drittel)
Heißluft: etwa 160 °C (nicht vorgeheizt)
Gas: etwa Stufe 3 (nicht vorgeheizt)
Backzeit: etwa 50 Minuten

3 Den Boden aus der Form lösen und auf einem Kuchenrost erkalten lassen. Den erkalteten Boden einmal waagerecht durchschneiden.

4 Für die Buttercreme aus Pudding-Pulver, Zucker und Milch nach Packungsanleitung einen Pudding kochen und erkalten lassen. Dabei ab und zu durchrühren.

5 Butter geschmeidig rühren, den erkalteten Pudding esslöffelweise darunter geben (darauf achten, dass weder Butter noch Pudding zu kalt sind, da die Creme sonst gerinnt). Den unteren Boden mit ⅓ der Buttercreme bestreichen, den oberen Boden darauf legen und etwas andrücken. Tortenrand und -oberfläche mit der restlichen Creme bestreichen.

6 Kokosraspel mit einigen Tropfen Speisefarbe in eine Rührschüssel geben und mit einem Schneebesen gut vermischen, bis sich die Kokosraspel zartgrün gefärbt haben. Die Torte ganz damit bestreuen und kalt stellen.

7 Götterspeise mit Wasser und Zucker nach Packungsanleitung – aber nur mit 400 ml Wasser – zubereiten, in eine flache Form etwa 2 cm hoch einfüllen und im Kühlschrank fest werden lassen.

8 In die Mitte der Torte die Zuckerstange stecken und einige Bänder daran befestigen. Die Götterspeisenplatte in Würfel schneiden oder mit Plätzchenausstechern Figuren ausstechen und auf der Torte verteilen.

Osterhasen-Parade

Zutaten

Für den Knetteig:
250 g Weizenmehl
50 g Speisestärke
1 gestr. TL Backpulver
75 g Zucker
1 Pck. Vanillin-Zucker
½ Fläschchen Butter-Vanille-Aroma
1 Prise Salz
1–2 EL Milch
175 g Butter oder Margarine

Für den Guss:
250 g gesiebter Puderzucker
etwas Wasser
Speisefarben

Weingummi
Schokolinsen

Zubereitungszeit:
30 Minuten, ohne Kühlzeit

Insgesamt:
E: 29 g, F: 147 g, Kh: 560 g, kJ: 15724, kcal: 3756

FÜR KINDER

1 Für den Teig Mehl mit Speisestärke und Backpulver mischen und in eine Rührschüssel sieben. Zucker, Vanillin-Zucker, Butter-Vanille-Aroma, Salz, Milch und Butter oder Margarine hinzufügen.

2 Die Zutaten mit Handrührgerät mit Knethaken zunächst kurz auf niedrigster Stufe, dann auf höchster Stufe gut durcharbeiten, anschließend auf der Arbeitsfläche zu einem glatten Teig verkneten und etwa 2 Stunden kalt stellen.

3 Den Teig auf der bemehlten Arbeitsfläche nochmals gut durchkneten und ½ cm dick ausrollen. Hasen ausstechen und auf gefettete, mit Backpapier belegte Backbleche legen. Die Backbleche in den Backofen schieben.

Ober-/Unterhitze: 170–200 °C (vorgeheizt)
Heißluft: 150–180 °C (vorgeheizt)
Gas: Stufe 3–4 (vorgeheizt)
Backzeit: 10–15 Minuten pro Backblech

4 Das Gebäck vom Backblech nehmen und erkalten lassen.

5 Für den Guss Puderzucker, mit etwas Wasser zu einer zähflüssigen Masse verrühren, in Schälchen verteilen, portionsweise mit Speisefarben einfärben, in Pergamentpapiertütchen füllen und eine kleine Spitze abschneiden. Die Hasen damit verzieren und mit Weingummi, Schokolinsen oder anderen Süßigkeiten garnieren.

Tipp: *Noch schneller und einfacher geht es, wenn die Hasen anstelle von Puderzuckerguss mit fertiger Zuckerschrift verziert werden.*

Abwandlung: *Anstelle der Osterhasen können je nach Saison oder Verwendungszweck auch andere Figuren aus dem Teig ausgestochen werden, z. B. Engelchen, Weihnachtsmänner, Sterne, Herzen oder Bärchen.*

17
2

Osterküken im Tontopf
(12 Stück)

Zutaten

Für den Quark-Öl-Teig:
1 Dose Mandarinen (Abtropfgewicht 175 g)
450 g Weizenmehl
1 Pck. Backpulver
150 g Magerquark
100 ml Mandarinensaft
100 ml Speiseöl
80 g Zucker
1 Pck. Vanillin-Zucker

12 unglasierte Ton-Blumentöpfe (Ø etwa 8 cm)
bunte Pappe
braune Zuckerschrift

Zubereitungszeit:
40 Minuten

Insgesamt:
E: 68 g, F: 105 g, Kh: 465 g, kJ: 13486, kcal: 3222

EINFACH

1 Für den Teig Mandarinen auf einem Sieb gut abtropfen lassen. Dabei den Saft auffangen und 100 ml abmessen.

2 Mehl mit Backpulver mischen und in eine Rührschüssel sieben. Quark, Mandarinensaft, Öl, Zucker und Vanillin-Zucker hinzufügen. Die Zutaten mit Handrührgerät mit Knethaken auf höchster Stufe in etwa 1 Minute zu einem Teig verarbeiten (nicht zu lange, Teig klebt sonst). Mandarinen kurz unterkneten.

3 Den Teig leicht mit Mehl bestäuben, aus der Schüssel nehmen und in 12 gleich große Portionen teilen. Mit bemehlten Händen aus jeder Portion 1 große Kugel als Körper und 1 kleine Kugel als Kopf des Kükens formen.

4 Jeweils die große Teigkugel zuerst in die gefetteten, gemehlten Tontöpfe geben, die kleine Kugel seitlich darauf an den Rand setzen (die Töpfe nur zur Hälfte mit der großen Teigkugel füllen, da der Teig stark „aufgeht"). Die Töpfe auf ein Backblech stellen, das Backblech in den Backofen schieben.

Ober-/Unterhitze: etwa 180 °C
(vorgeheizt, unterste Einschubleiste)
Heißluft: etwa 160 °C (nicht vorgeheizt)
Gas: etwa Stufe 3 (nicht vorgeheizt)
Backzeit: etwa 45 Minuten

5 Das Gebäck in den Töpfen erkalten lassen. Dann mit einem Messer vom Rand lösen.

6 Aus Pappe Rauten schneiden und zu Schnäbeln falten. Mit einem spitzen Messer jeweils einen Schlitz in der Breite des Schnabels in die Köpfe schneiden und die Schnäbel hineinstecken.

7 Aus Pappe Dreiecke schneiden und als Schwanzfedern in die Körper stecken. Mit Zuckerschrift Augen aufmalen.

Tipps: *Die Osterküken schmecken am besten frisch.*
Die Küken eignen sich gut als Tischkärtchen für den Ostertisch. Dann nach Belieben die Namen der Gäste auf Schnabel, Schwanz oder Topf schreiben.

Eierlikör-Osterhasen

Zutaten

Für den Biskuitteig:
5 Eier (Größe M)
250 g gesiebter Puderzucker
2 Pck. Vanillin-Zucker
250 ml (¼ l) Speiseöl
250 ml (¼ l) Eierlikör
125 g Weizenmehl
125 g Speisestärke
4 gestr. TL Backpulver

Zum Verzieren und Garnieren:
75 g Halbbitter-Kuvertüre
50 g Schokoladenstreusel
30 g Kokosraspel

Zubereitungszeit:
30 Minuten

Insgesamt:
E: 71 g, F: 349 g, Kh: 619 g,
kJ: 26964, kcal: 6438

ZUM VERSCHENKEN

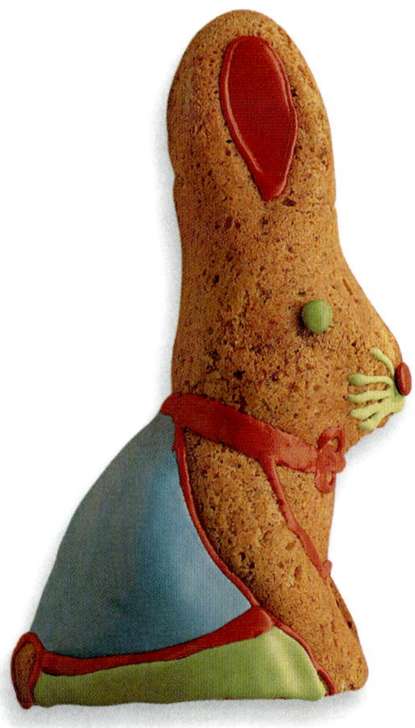

1 Für den Teig Eier, Puderzucker und Vanillin-Zucker mit Handrührgerät mit Rührbesen auf höchster Stufe in 1 Minute schaumig rühren. Öl und Eierlikör unterrühren.

2 Mehl mit Speisestärke und Backpulver mischen, sieben und portionsweise auf mittlerer Stufe unterrühren.

3 Den Teig in eine große (1000 ml Inhalt) und 4–6 kleine (100 ml Inhalt) gefettete, gemehlte Hasenbackformen füllen. Die Formen auf dem Rost in den Backofen schieben und sofort backen.

Ober-/Unterhitze: etwa 180 °C (vorgeheizt, unteres Drittel)
Heißluft: –
Gas: Stufe 3–4 (vorgeheizt)
Backzeit: 25–30 Minuten für die kleinen Formen,
50–60 Minuten für die große Form

4 Die Gebäcke etwa 10 Minuten in den Formen stehen lassen, dann auf einen Kuchenrost stürzen und erkalten lassen.

5 Kuvertüre in einem kleinen Topf im Wasserbad bei schwacher Hitze zu einer geschmeidigen Masse verrühren, in ein Pegamentpapiertütchen füllen, eine kleine Spitze abschneiden und die Hasen damit verzieren. Mit Schokoladenstreuseln und Kokosraspeln bestreuen.

Tipp: *Für einen* ***kunterbunten Osterhasen*** *ohne Alkohol 175 g Butter oder Margarine mit Handrührgerät mit Rührbesen auf höchster Stufe geschmeidig rühren. Nach und nach 125 g Zucker, 1 Päckchen Vanillin-Zucker und 1 Päckchen Orangenfrucht unterrühren. So lange rühren, bis eine gebundene Masse entstanden ist. 3 Eier (Größe M) nach und nach unterrühren (jedes Ei etwa ½ Minute). 125 g Weizenmehl und 1 gestrichenen Teelöffel Backpulver mischen, sieben und portionsweise abwechselnd mit 75 g gemahlenen und 50 g gehackten Haselnusskernen unterrühren. Den Teig in eine gefettete und gemehlte Hasenbackform (1000 ml Inhalt) streichen und bei etwa 180 °C (Ober-/Unterhitze, vorgeheizt), etwa 160 °C (Heißluft, nicht vorgeheizt) oder etwa Stufe 3 (Gas, nicht vorgeheizt) 50–60 Minuten backen. Das Gebäck nach dem Backen noch 10 Minuten in der Form stehen lassen, dann aus der Form lösen, auf einen Kuchenrost stürzen und erkalten lassen. Den Hasen nach Belieben mit buntem Zuckerguss verzieren. Dazu 200 g gesiebten Puderzucker mit 2–3 Esslöffeln Wasser zu einem dickflüssigen Guss verrühren. Den Guss in Portionen aufteilen und mit verschiedenen Speisefarben einfärben. Den Hasen mit den Güssen verzieren und fest werden lassen.*

Henne und Hahn

Zutaten

Für die Henne (Rührteig):
100 g Butter oder Margarine
100 g Zucker
1 Pck. Vanillin-Zucker
3 Tropfen Bittermandel-Aroma
2 Eier (Größe M)
100 g Weizenmehl
½ TL Backpulver
50 g abgezogene, gemahlene Mandeln

Zum Ausstreuen:
25 g abgezogene, gemahlene Mandeln

Für den Hahn (Rührteig):
80 g Butter oder Margarine
80 g Zucker
1 Pck. Vanillin-Zucker
3 Tropfen Bittermandel-Aroma
2 Eier (Größe M)
80 g Weizenmehl
½ TL Backpulver
50 g abgezogene, gemahlene Mandeln

Zum Ausstreuen:
25 g abgezogene, gemahlene Mandeln

Für den Guss:
100 g gesiebter Puderzucker
etwas Eiweiß
rote Speisefarbe

evtl. Puderzucker

1 Für den Teig Butter oder Margarine mit Handrührgerät mit Rührbesen auf höchster Stufe geschmeidig rühren. Nach und nach Zucker, Vanillin-Zucker und Bittermandel-Aroma unterrühren, so lange rühren, bis eine gebundene Masse entstanden ist. Eier nach und nach unterrühren (jedes Ei etwa ½ Minute).

2 Mehl mit Backpulver mischen, sieben, mit Mandeln mischen und portionsweise auf mittlerer Stufe unterrühren. Den Teig in eine gefettete, mit Mandeln ausgestreute, dreidimensionale Hennenform (800 ml Inhalt) füllen.

3 Für den Hahn aus den Zutaten einen Rührteig wie oben angegeben zubereiten und in eine gefettete, mit Mandeln ausgestreute, dreidimensionale Hahnform (600 ml Inhalt) füllen. Die Formen auf ein Backblech stellen und in den Backofen schieben.

Ober-/Unterhitze: etwa 180 °C (vorgeheizt, unteres Drittel)
Heißluft: etwa 160 °C (nicht vorgeheizt)
Gas: Stufe 3–4 (nicht vorgeheizt)
Backzeit: 50–60 Minuten

4 Das Gebäck 10 Minuten in den Formen stehen lassen, dann die Formen lösen und das Gebäck erkalten lassen.

5 Puderzucker mit Eiweiß zu einer zähflüssigen Masse verrühren, mit Speisefarbe einfärben und das erkaltete Gebäck damit verzieren. Nach Belieben mit Puderzucker bestäuben.

Abwandlung: *Nach Belieben einen Vollkorn-Rührteig bereiten aus 100 g (80 g) Butter, 75 g (55 g) Rohrzucker, 1 Päckchen Bourbon-Vanillezucker, 3 Tropfen Zitronen-Aroma, 2 Eiern (Größe M), 100 g (80 g) Weizenvollkornmehl, ½ Teelöffel Backpulver, 50 g abgezogenen, gemahlenen Mandeln und knapp 1 EL Milch (die abweichenden Mengenangaben für den Hahn sind in Klammern angegeben) und wie oben angegeben backen und erkalten lassen.*

Tipp: *Den eventuell aus der Form herausgebackenen Teig abschneiden, damit das Gebäck gerade steht.*

Zubereitungszeit:
30 Minuten

Insgesamt:
E: 83 g, F: 256 g, Kh: 451 g,
kJ: 19368, kcal: 4627

FÜR GÄSTE

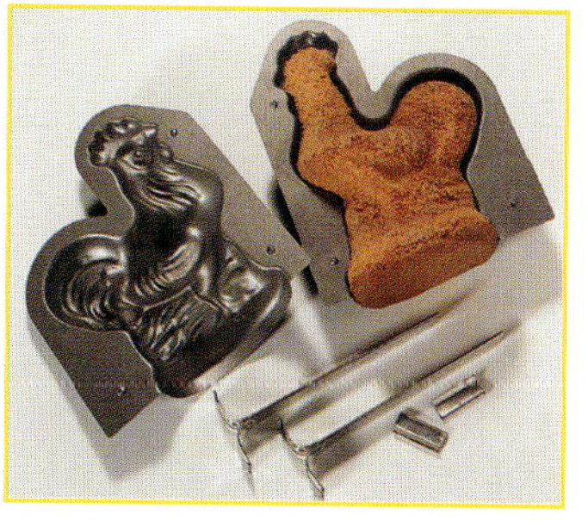

Obstgarten

Zutaten

Für den Knetteig:
300 g Weizenmehl
1 gestr. TL Backpulver
150 g Zucker
1 Prise Salz
2 Eier (Größe M)
150 g Butter oder Margarine

Für die Quarkmasse:
750 g Magerquark
250 g Mascarpone (italienischer Frischkäse)
150 g Zucker
3 EL Zitronensaft
1 Pck. Pudding-Pulver Vanille-Geschmack
6 Eigelb (Größe M)
4 Eiweiß (Größe M)
250 ml (¼ l) Schlagsahne

Für die Baiserblüten:
2 Eiweiß (Größe M)
100 g Zucker

Für den Belag:
3 Kumquats (Zwergorangen)
1 Nektarine
100 g kleine Erdbeeren
100 g Himbeeren
1 EL gehackte Pistazienkerne
100 g Weintrauben

Für den Guss:
1 Pck. Tortenguss, klar
2 gestr. EL Zucker
250 ml (¼ l) Wasser oder heller Traubensaft

Zubereitungszeit:
40 Minuten

Insgesamt:
E: 211 g, F: 366 g, Kh: 794 g,
kJ: 31733, kcal: 7581

RAFFINIERT

1 Für den Knetteig die Zutaten zu einem Teig verarbeiten (Anleitung siehe Rezept „Gebackene Namen", Seite 22) auf einem gefetteten Backblech (30 x 40 cm) ausrollen und mehrmals mit einer Gabel einstechen. Die offene Seite mit einem mehrfach geknickten Streifen Alufolie verschließen und den Teig vorbacken.

Ober-/Unterhitze: 200–220 °C (vorgeheizt)
Heißluft: etwa 180 °C (vorgeheizt)
Gas: etwa Stufe 4 (vorgeheizt)
Backzeit: etwa 10 Minuten, die Temperatur dann herunterschalten.

2 Für die Quarkmasse Quark, Mascarpone, Zucker, Zitronensaft, Pudding-Pulver und Eigelb gut verrühren. Eiweiß und Sahne getrennt steif schlagen und unterheben. Die Quarkmasse auf den vorgebackenen Boden streichen. Das Backblech wieder in den Backofen schieben.

Ober-/Unterhitze: etwa 170 °C (vorgeheizt)
Heißluft: etwa 150 °C (vorgeheizt)
Gas: Stufe 2–3 (vorgeheizt)
Backzeit: etwa 60 Minuten

3 Das Gebäck auf dem Backblech auf einem Rost erkalten lassen.

4 Für die Baiserblüten Eiweiß steif schlagen, Zucker nach und nach unterschlagen. Den Eischnee in einen Spritzbeutel mit kleiner, glatter Tülle füllen und Blüten und Stiele auf ein gefettetes, mit Backpapier belegtes Backblech spritzen.

Ober-/Unterhitze: 90–110 °C (vorgeheizt)
Heißluft: 70–90 °C (nicht vorgeheizt)
Gas: etwa Stufe 1 (vorgeheizt)
Trockenzeit: etwa 60 Minuten

5 Die Baiserblüten auf einem Kuchenrost erkalten lassen und erst kurz vor dem Servieren auf dem Kuchen verteilen.

6 Für den Belag die Früchte putzen, evtl. waschen und klein schneiden. Die Weintrauben längs halbieren, entkernen und als Stiele auf den Kuchen legen. Die Baiserblüten mit den restlichen Früchten füllen.

7 Für den Guss Tortenguss mit Zucker und Wasser oder Traubensaft nach Packungsanleitung zubereiten und mit Hilfe eines Pinsels auf die Früchte streichen.

Abwandlung: *Den Obstgarten ohne Baiserblüten zubereiten, die Früchte direkt auf den Kuchen legen und mit Guss überziehen. Dann nach Belieben 250 ml (¼ l) Schlagsahne mit 1 Päckchen Vanillin-Zucker steif schlagen, in einen Spritzbeutel mit kleiner, glatter Tülle füllen und die Blüten damit verzieren.*

Obstpäckchen

(6 Stück)

Zutaten

Für den Knetteig:
250 g Weizenmehl
1 Msp. Backpulver
75 g Zucker
1 Pck. Vanillin-Zucker
1 Prise Salz
6 Tropfen Butter-Vanille-Aroma
2 Eigelb (Größe M)
1 EL Wasser
125 g Butter oder Margarine

Für die Quarkfüllung:
250 g Magerquark
1 Eigelb (Größe M)
50 g Zucker
1 Pck. Vanillin-Zucker
25 g Kokosraspel
2 Eiweiß (Größe M)

1 Eigelb
1 EL Milch

Für die Makronenmasse:
75 g Marzipan-Rohmasse
25 g Zucker
etwas Eiweiß

Für die Beerenfüllung:
150 g Brombeeren (vorbereitet gewogen)
100 g rote Johannisbeeren (vorbereitet gewogen)
1 Pck. gezuckerter Tortenguss, rot
250 ml (¼ l) Apfelsaft

Zubereitungszeit:
60 Minuten, ohne Kühlzeit

Insgesamt:
E: 92 g, F: 170 g, Kh: 433 g, kJ: 15785, kcal: 3771

ZUM VERSCHENKEN

1 Für den Knetteig die Zutaten zu einem Teig verarbeiten (Anleitung siehe Rezept „Gebackene Namen", Seite 22), sollte er kleben, ihn eine Zeitlang kalt stellen.

2 Sechs Stücke Alufolie jeweils mehrfach knicken, so dass 34 cm lange und 3 cm breite Streifen entstehen. Die Streifen zu 8 x 8 cm großen Quadraten knicken und mit jeweils einer Büroklammer befestigen.

3 ⅔ Des Teiges auf der bemehlten Arbeitsfläche dünn ausrollen, 12 Quadrate von 8 x 8 cm ausschneiden und auf ein mit Backpapier belegtes Backblech legen. Die Alufolienränder um 6 der Teigquadrate stellen.

4 Den restlichen Teig zu einem Rechteck von 18 x 32 cm ausrollen, dann in 6 Streifen (3 x 32 cm) schneiden. Die Teigstreifen aufrollen, jeweils 1 Teigstreifen in ein Päckchen setzen, am Alurand abrollen und evtl. etwas andrücken.

5 Für die Quarkfüllung Quark mit Eigelb, Zucker, Vanillin-Zucker und Kokosraspeln verrühren. Eiweiß steif schlagen und unterheben. Die Masse in die Päckchen füllen. Eigelb mit Milch verquirlen und die restlichen Quadrate damit bestreichen.

6 Für die Makronenmasse Marzipan-Rohmasse mit Zucker und Eiweiß verrühren, in einen Spritzbeutel mit Sterntülle füllen und 3 Quadrate damit bespritzen. Das Backblech in den Backofen schieben.

Ober-/Unterhitze: 180–200 °C (vorgeheizt)
Heißluft: 160–180 °C (vorgeheizt)
Gas: Stufe 3–4 (vorgeheizt)
Backzeit: 10–15 Minuten für die Deckel, 40–45 Minuten für die Päckchen

7 Deckel und Päckchen vom Backblech nehmen und auf einem Kuchenrost erkalten lassen.

8 Für die Beerenfüllung Brombeeren putzen und waschen. Johannisbeeren waschen und mit Hilfe einer Gabel von den Stielen streifen. Aus Tortenguss und Apfelsaft nach Packungsanleitung einen Guss zubereiten und die Beeren unterrühren. Die Beerenfüllung in die Päckchen füllen und erkalten lassen. Dann die Deckel aufsetzen.

Sonne

Zutaten

Für den Rührteig:
125 g Butter oder Margarine
125 g Zucker
1 Pck. Vanillin-Zucker
1 Prise Salz
4 Eigelb (Größe M)
125 g Weizenmehl
1 Msp. Backpulver
70 g abgezogene, gestiftelte Mandeln
4 Eiweiß (Größe M)

Für den Knetteig:
125 g Weizenmehl
3 Msp. Backpulver
75 g Zucker
1 Pck. Vanillin-Zucker
1 Ei (Größe M)
1 EL Wasser
65 g Butter oder Margarine

1 Eigelb
3 EL Milch

Für die Mangocreme:
6 Blatt weiße Gelatine
200 g reifes Mangofruchtfleisch
100 g Zucker
4 EL Zitronensaft
250 ml (¼ l) Schlagsahne

3 EL Fruchtsaft
600 g vorbereitete, gelbe Früchte (z. B. Karambolescheiben, Pfirsichspalten, Mirabellen, Mangofruchtfleisch in Spalten, Ananasscheiben)

Für den Guss:
1 Pck. gezuckerter Tortenguss, klar
250 ml (¼ l) Fruchtsaft

30 g abgezogene, gestiftelte Mandeln

1 Für den Rührteig Butter oder Margarine mit Handrührgerät mit Rührbesen auf höchster Stufe geschmeidig rühren. Nach und nach Zucker, Vanillin-Zucker und Salz unterrühren, so lange rühren, bis eine gebundene Masse entstanden ist. Eigelb nach und nach unterrühren (jedes Eigelb knapp ½ Minute).

2 Mehl mit Backpulver mischen, sieben und portionsweise auf mittlerer Stufe unterrühren. Mandeln unterrühren. Eiweiß steif schlagen und unterheben. Den Teig in eine Springform (Ø 26 cm, Boden gefettet) füllen und glattstreichen. Die Form auf dem Rost in den Backofen schieben.

Ober-/Unterhitze: etwa 160 °C (vorgeheizt, unteres Drittel)
Heißluft: etwa 140 °C (vorgeheizt)
Gas: etwa Stufe 3 (vorgeheizt)
Backzeit: 30–40 Minuten

3 Den Boden aus der Form lösen und auf einem Kuchenrost erkalten lassen.

4 Für den Knetteig Mehl mit Backpulver mischen und in eine Rührschüssel sieben. Zucker, Vanillin-Zucker, Ei, Wasser und Butter oder Margarine hinzufügen. Die Zutaten mit Handrührgerät mit Knethaken zunächst kurz auf niedrigster, dann auf höchster Stufe gut durcharbeiten.

5 Anschließend auf der Arbeitsfläche zu einem glatten Teig verkneten. Den Teig etwa 3 mm dick ausrollen, in Form von Sonnenstrahlen ausschneiden und auf ein gefettetes Backblech legen. Eigelb mit Milch verquirlen und die Teigstücke damit bestreichen. Das Backblech in den Backofen schieben.

Ober-/Unterhitze: 200–220 °C (vorgeheizt)
Heißluft: 180–200 °C (vorgeheizt)
Gas: etwa Stufe 4 (vorgeheizt)
Backzeit: 7–10 Minuten

6 Das Gebäck vom Backblech lösen und auf einem Kuchenrost erkalten lassen.

7 Für die Mangocreme Gelatine nach Packungsanleitung einweichen. Mangofruchtfleisch pürieren und mit Zucker und Zitronensaft verrühren. Gelatine ausdrücken, auflösen, lauwarm unter das Püree rühren und die Masse kalt stellen.

8 Sobald die Masse anfängt dicklich zu werden, Sahne steif schlagen und unterheben. Den Gebäckboden mit Fruchtsaft tränken (mit Hilfe eines Pinsels). Gebäckrand und -oberfläche (kuppelartig) mit der Mangocreme bestreichen und etwa 1 Stunde kalt stellen.

9 Die Mangocremekuppel mit den vorbereiteten Früchten belegen.

10 Für den Guss Tortenguss mit Fruchtsaft nach Packungsanleitung zubereiten, die Früchte damit bestreichen und den Guss fest werden lassen. Die Torte und die Sonnenstrahlen kurz vor dem Servieren auf einer Platte anrichten und mit Mandeln garnieren.

Zubereitungszeit:
40 Minuten, ohne Kühlzeit

Insgesamt:
E: 108 g, F: 332 g, Kh: 655 g, kJ: 26308, kcal: 6288

RAFFINIERT

Adventskalender

Zutaten

Für den Teig:
180 g flüssiger Honig
70 g Zucker
1 Pck. Vanillin-Zucker
1 Prise Salz
1 Msp. gemahlener Zimt
1 TL abgeriebene Orangenschale (unbehandelt)
1 Eigelb (Größe M)
6–8 EL Wasser
375 g Weizenmehl
1 gestr. TL Backpulver

1 Eigelb
1 EL Milch

Zum Garnieren und Verzieren:
200 g Marzipan-Rohmasse
100 g gesiebter Puderzucker
rote, grüne und gelbe Speisefarbe
100 g gesiebter Puderzucker
etwas Eiweiß
Schokoladenziffern
Buntzucker

Zubereitungszeit:
45 Minuten, ohne Kühlzeit

Insgesamt:
E: 80 g, F: 88 g Kh: 711 g,
kJ: 16951, kcal: 4048

FÜR KINDER

1 Für den Teig Honig und Zucker in einem Topf unter Rühren langsam erwärmen, bis der Zucker gelöst ist. Vanillin-Zucker, Salz, Zimt, Orangenschale, Eigelb und Wasser unterrühren und kalt stellen.

2 Mehl mit Backpulver mischen und sieben. ⅔ des Mehlgemisches unter die abgekühlte Masse rühren, den Rest unterkneten. Den Teig auf der bemehlten Arbeitsfläche ½ cm dick ausrollen.

3 Mit Hilfe einer Schablone einen Baum ausschneiden, in 24 Teile teilen und auf ein mit Backpapier belegtes Backblech legen. Aus dem Teigrest Sterne ausstechen und mit auf das Backblech legen. Eigelb mit Milch verquirlen und die Teigstücke damit bestreichen. Das Backblech in den Backofen schieben.

Ober-/Unterhitze: 180–200 °C (vorgeheizt)
Heißluft: 160–180 °C (vorgeheizt)
Gas: Stufe 3–4 (vorgeheizt)
Backzeit: 12–15 Minuten

4 Die Gebäckstücke vom Backblech lösen und auf einem Kuchenrost erkalten lassen.

5 Marzipan-Rohmasse mit Puderzucker verkneten, die Hälfte mit Speisefarbe grün färben, ein Viertel rot und ein Viertel gelb.

6 Die Massen getrennt zwischen 2 Lagen Klarsichtfolie ausrollen und kleine Figuren mit Plätzchenausstechern ausstechen. Puderzucker mit so viel Eiweiß verrühren, dass eine zähe Masse entsteht, in ein Pergamentpapiertütchen füllen, eine kleine Spitze abschneiden und die Figuren damit verzieren.

7 Marzipanfiguren, Schokoladenziffern oder nach Belieben Gebäcksterne mit dem Guss auf die Baumteile kleben und mit Buntzucker bestreuen.

Tipp: *Ein Tablett mit farbigem Seidenpapier bespannen und die Adventsbaumteile darauf anordnen.*

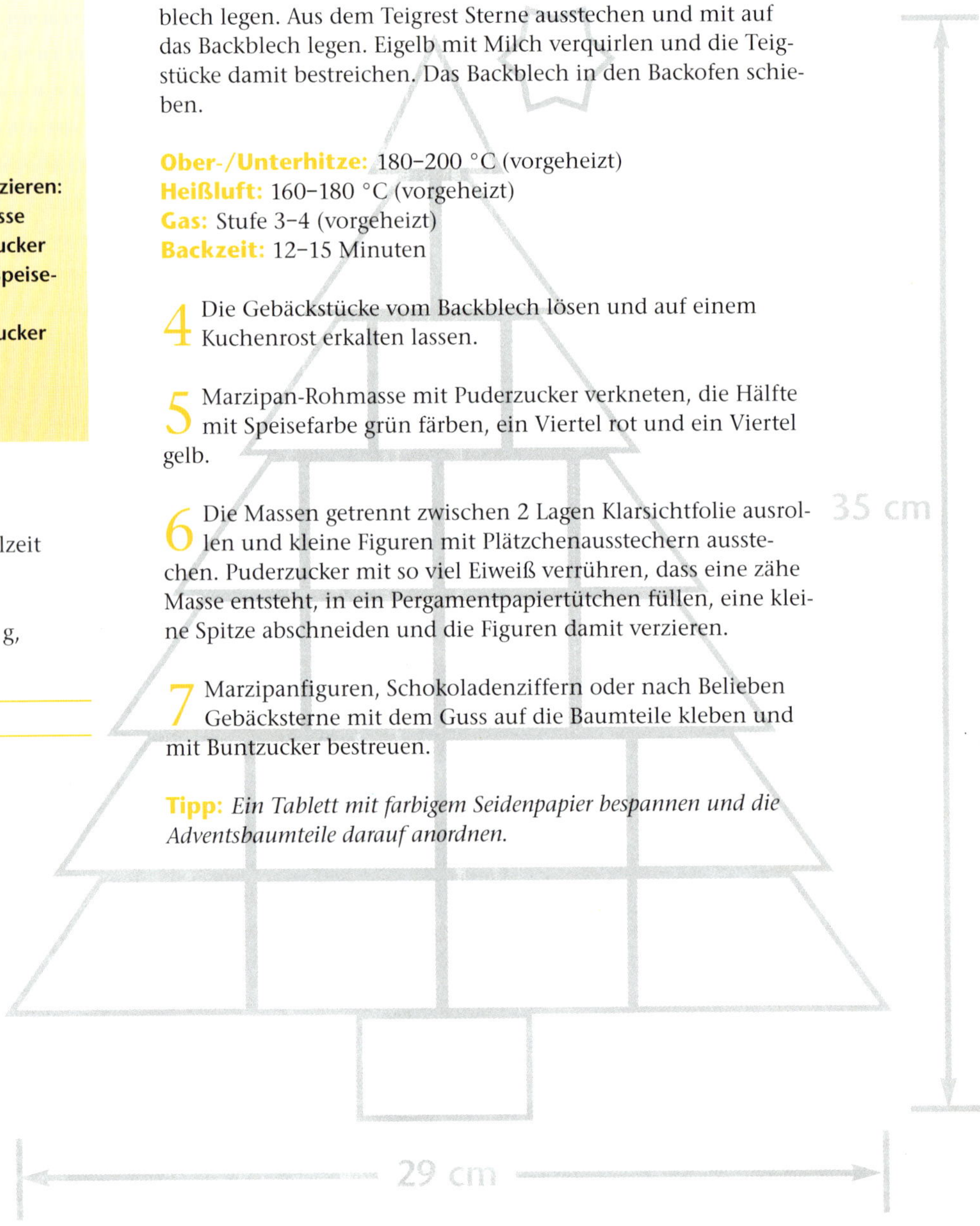

Familie Weckmann

(4 Stück)

Zutaten

Für den Hefeteig:
500 g Weizenmehl
1 Pck. Trockenhefe
75 g Zucker
1 Pck. Vanillin-Zucker
1 Msp. Salz
1 Prise gemahlener Zimt
½ Fläschchen Butter-Vanille-Aroma
2 Eier (Größe M)
125–150 ml lauwarme Milch
75 g zerlassene, abgekühlte Butter

Zum Bestreichen und Garnieren:
1 Eigelb
1 EL Milch
Hagelzucker
abgezogene, gehobelte und gehackte Mandeln
Rosinen oder Korinthen

Zubereitungszeit:
35 Minuten, ohne Teiggehzeit

Insgesamt:
E: 85 g, F: 102 g, Kh: 495 g, kJ: 14174, kcal: 3386

ZUM VERSCHENKEN

1 Für den Teig Mehl in eine Rührschüssel sieben, mit der Hefe sorgfältig vermischen. Zucker, Vanillin-Zucker, Salz, Zimt, Butter-Vanille-Aroma, Eier, Milch und Butter hinzufügen.

2 Die Zutaten mit Handrührgerät mit Knethaken zunächst auf niedrigster, dann auf höchster Stufe in etwa 5 Minuten zu einem Teig verarbeiten. Den Teig zugedeckt so lange an einem warmen Ort stehen lassen, bis er sich sichtbar vergrößert hat (etwa 20 Minuten).

3 Den Teig leicht mit Mehl bestäuben, aus der Schüssel nehmen, auf der Arbeitsfläche nochmals kurz durchkneten, zu einer Rolle formen und in 4 gleich große Stücke teilen. Die einzelnen Teigstücke auf der bemehlten Arbeitsfläche ausrollen, die Figuren mit Hilfe einer Papierschablone ausschneiden und auf mit Backpapier belegte Backbleche legen.

4 Aus etwas Teig Nase und Hände formen. Weiterhin für eine Gärtnerin aus drei Teigsträngen einen Zopf flechten und anlegen. Für einen Koch eine Teigkugel formen, etwas flachdrücken und unter die Teigplatte legen, so dass er einen schönen dicken Bauch bekommt. Die Teigstücke nochmals an einem warmen Ort stehen lassen, bis sie sich sichtbar vergrößert haben.

5 Eigelb mit Milch verquirlen und die Teigstücke damit bestreichen. Die Figuren nach Belieben mit Hagelzucker, Mandeln und Rosinen oder Korinthen garnieren. Die Backbleche in den Backofen schieben.

Ober-/Unterhitze: etwa 180 °C (vorgeheizt)
Heißluft: etwa 160 °C (vorgeheizt)
Gas: Stufe 3–4 (vorgeheizt)
Backzeit: 15–20 Minuten pro Backblech

6 Die Figuren vom Backblech nehmen und auf einem Kuchenrost erkalten lassen.

Tipp: *Die erkalteten Figuren nach Belieben garnieren: einen Weckmann mit einer Pfeife, eine Gärtnerin mit einem Blumenstrauß, einen Matrosen mit Buddelschiff, Fähnchen und Fisch, einen Koch mit einer Kochmütze aus Seidenpapier und einem Schneebesen.*

Lebkuchenbaum

Zutaten

Für den Teig:
250 g flüssiger Honig
100 g Butter oder Margarine
100 g Zucker
1 Pck. Vanillin-Zucker
1 Ei (Größe M)
1 Pck. Lebkuchengewürz
1 Prise Salz
500 g Weizenmehl
15 g Kakaopulver
2 schwach geh. TL Backpulver

2 EL Kondensmilch

Für den Guss:
200 g gesiebter Puderzucker
1 Eiweiß (Größe M)
gezuckerte Lakritzstangen
gelbe Schokolinsen

Zubereitungszeit:
35 Minuten, ohne Kühlzeit

Insgesamt:
E: 74 g, F: 100 g, Kh: 939 g,
kJ: 21146, kcal: 5053

FÜR KINDER

1 Für den Teig Honig, Butter oder Margarine, Zucker und Vanillin-Zucker in einen Topf geben, unter Rühren langsam erwärmen, bis alles gelöst ist und kalt stellen.

2 Unter die fast erkaltete Masse Ei, Lebkuchengewürz und Salz rühren. Mehl mit Kakao und Backpulver mischen, sieben und ⅔ davon unterrühren. Das restliche Mehlgemisch auf der Arbeitsfläche unterkneten.

3 Den Teig portionsweise etwa ½ cm dick ausrollen, 9 verschieden große Sterne ausschneiden (Ø 4–24 cm), auf mit Backpapier belegte Backbleche legen und mit Kondensmilch bestreichen. Aus dem Teigrest runde Plätzchen (Ø 3 cm) ausstechen und mit auf die Bleche legen. Die Backbleche in den Backofen schieben.

Ober- und Unterhitze: 180–200 °C (vorgeheizt)
Heißluft: 160–180 °C (vorgeheizt)
Gas: Stufe 3–4 (vorgeheizt)
Backzeit: 10–15 Minuten pro Backblech

4 Das Gebäck vom Backblech nehmen und auf einem Kuchenrost erkalten lassen.

5 Für den Guss Puderzucker mit so viel Eiweiß verrühren, dass eine dickflüssige Masse entsteht, in ein Pergamentpapiertütchen füllen, eine kleine Spitze abschneiden und die Sterne mit runden Plätzchen dazwischen aufeinander kleben.

6 Den Lebkuchenbaum mit dem Guss verzieren und halbierte Lakritzstangen und Schokolinsen als Kerzen auf den Baum kleben.

Tipps: *Den Guss nach Belieben mit Speisefarbe färben.*
Am besten eignen sich für Lebkuchenteige flüssige, nicht zu geschmacksintensive Honige wie z. B. ein einfacher Bienenhonig oder Akazienhonig.

Weihnachtsstern

Zutaten

Für den Rührteig:
250 g Butter oder Margarine
200 g Zucker
1 Pck. Vanillin-Zucker
5 Eier (Größe M)
250 g Weizenmehl
1 gestr. TL Backpulver
10 g Kakaopulver
125 g abgezogene, gemahlene Mandeln
75 g gehackte Vollmilch-schokolade

4 EL Orangenmarmelade

Für die Füllung:
100 g Vollmilchschokolade
100 g Zartbitterschokolade
500 ml (½ l) Schlagsahne

Für die Sternenlollies:
1 Tüte (100 g) ungefüllte Fruchtbonbons

1 EL Kakaopulver

Zubereitungszeit:
40 Minuten, ohne Kühlzeit

Insgesamt:
E: 129 g, F: 550 g, Kh: 697 g, kJ: 35905, kcal: 8580

FÜR GÄSTE

1 Für den Teig Butter oder Margarine mit Handrührgerät mit Rührbesen auf höchster Stufe geschmeidig rühren. Nach und nach Zucker und Vanillin-Zucker unterrühren, so lange rühren, bis eine gebundene Masse entstanden ist. Eier nach und nach unterrühren (jedes Ei etwa ½ Minute).

2 Mehl mit Backpulver und Kakao mischen, sieben und portionsweise auf mittlerer Stufe unterrühren. Mandeln und Schokolade unterrühren. Den Teig in eine gefettete, gemehlte Sternbackform (Ø 28 cm) füllen und glattstreichen. Die Form auf dem Rost in den Backofen schieben.

Ober-/Unterhitze: etwa 180 °C (vorgeheizt, unteres Drittel)
Heißluft: etwa 160 °C (nicht vorgeheizt)
Gas: etwa Stufe 3 (nicht vorgeheizt)
Backzeit: etwa 55 Minuten

3 Den Kuchen 10 Minuten in der Form stehen lassen, ihn dann auf einen Kuchenrost stürzen und erkalten lassen.

4 Den erkalteten Kuchen einmal waagerecht durchschneiden. Orangenmarmelade durch ein Sieb streichen und den unteren Boden damit bestreichen.

5 Für die Füllung Schokolade grob hacken, mit der Sahne in einem Topf unter Rühren erwärmen und glattrühren. Die Masse einige Stunden kalt stellen (am besten über Nacht).

6 Die erkaltete Masse mit Handrührgerät mit Rührbesen steif schlagen. ⅓ der Creme auf den unteren Boden streichen, den oberen Boden darauf legen und leicht andrücken. Den gesamten Stern mit der restlichen Creme bestreichen und 1–2 Stunden kalt stellen.

7 Für die Sternenlollies die ausgewickelten Fruchtbonbons auf einem mit Backpapier belegten Backblech verteilen und bei etwa 200 °C im vorgeheizten Backofen in etwa 5 Minuten zu einer zähflüssigen Platte schmelzen lassen.

8 Die Masse etwa 1 Minute abkühlen lassen, dann mit sehr gut geölten Ausstechförmchen in der noch weichen Masse Sterne bis zum Backpapier durchdrücken und die Masse weitere 5–10 Minuten abkühlen lassen. Die Sterne dann vom Backpapier lösen. Die restliche Bonbonmasse in einem Topf nochmals erwärmen und damit Holzspieße an die Lollies kleben.

9 Den Weihnachtsstern vor dem Servieren mit Kakao bestäuben und mit den Sternenlollies garnieren.

Tipp: *Die Lollies nicht im Kühlschrank lagern, sie werden dort mit der Zeit flüssig.*

Knusperhäuschen

Zutaten

Für den Teig:
300 g flüssiger Honig
75 g Zucker
2 Pck. Vanillin-Zucker
1 Ei (Größe M)
50 g sehr weiche Butter oder Margarine
4 EL Wasser
600 g Weizenmehl
30 g Kakaopulver
1 Pck. Lebkuchengewürz
1 Pck. Backpulver

flüssige Schlagsahne
gehackte Pistazienkerne

Für den Guss:
200 g gesiebter Puderzucker
etwas Eiweiß

Haselnusskerne
Süßigkeiten
Puderzucker

Zubereitungszeit:
75 Minuten, ohne Trockenzeit

Insgesamt:
E: 88 g, F: 96 g, Kh: 1006 g,
kJ: 22330, kcal: 5336

FÜR KINDER

1 Für den Teig Honig, Zucker, Vanillin-Zucker, Ei, Butter oder Margarine und Wasser mit Handrührgerät mit Rührbesen gut verrühren. Mehl mit Kakao, Lebkuchengewürz und Backpulver mischen, sieben, ⅔ davon unterrühren, den Rest unterkneten, anschließend auf der mit Mehl bestäubten Arbeitsfläche zu einem glatten Teig verkneten.

2 ⅔ des Teiges knapp ½ cm dick ausrollen, zunächst die vordere und die hintere Seite des Hauses (am besten nach Papierschablone, 2 Dreiecke, Höhe 15 cm, Seitenlänge 18 cm) ausschneiden, auf ein mit Backpapier belegtes Backblech legen und mit Sahne bestreichen. Fenster, Tür und das Dach (2 Rechtecke, 15 x 18 cm) ausschneiden, auf ein mit Backpapier belegtes Backblech legen und mit Sahne bestreichen. Das Backblech in den Backofen schieben.

Ober-/Unterhitze: etwa 200 °C (vorgeheizt)
Heißluft: etwa 180 °C (vorgeheizt)
Gas: etwa Stufe 4 (vorgeheizt)
Backzeit: etwa 15 Minuten

3 Die Gebäckteile vom Backpapier lösen und auf einem Kuchenrost erkalten lassen.

4 Für die Gebäckplatte ¾ des restlichen Teiges auf einem gefetteten Backblech zu einer Platte (25 x 35 cm) ausrollen und mit Sahne bestreichen. Aus etwas Teig kleine Kugeln formen und als Zaun an den Rand der Gebäckplatte legen.

5 Den restlichen Teig etwa 3 mm dick ausrollen, Tannenbäume in unterschiedlichen Größen und einen Stern für den Dachfirst ausstechen, zu dem übrigen Teig auf das Backblech legen und mit Sahne bestreichen. Die Tannenbäume mit Pistazien bestreuen. Die Teigstücke wie oben angegeben backen und erkalten lassen.

6 Für den Guss Puderzucker und Eiweiß zu einer sehr zähen, streichfähigen Masse verrühren. Die Hausteile mit dem Guss auf der Gebäckplatte zusammensetzen und trocknen lassen.

7 Haus, Tannenbäume und Zaun mit Guss verzieren, mit Haselnüssen und Süßigkeiten garnieren und mit Puderzucker bestäuben.

Tipp: *Die Gebäckteile müssen gut auskühlen (am besten über Nacht), sonst könnten sie zu weich sein und das Häuschen kann schnell einstürzen. Die Gebäckteile können auch schon einige Tage vor dem Zusammensetzen des Häuschens gebacken werden.*

Herz-Hochzeitstorte

Zutaten

Für das große Herz (Rührteig):
300 g Butter oder Margarine
200 g Zucker
2 Pck. Vanillin-Zucker
4 Eier (Größe M)
400 g Weizenmehl
1 Pck. Backpulver
1 Dose Mandarinen (Abtropfgewicht 175 g)

Für die kleinen Herzen (Rührteig):
225 g Butter oder Margarine
150 g Zucker
1 Pck. Vanillin-Zucker
3 Eier (Größe M)
300 g Weizenmehl
3 gestr. TL Backpulver
1 Dose Mandarinen (Abtropfgewicht 175 g)

Zum Verzieren und Garnieren:
150 g gesiebter Puderzucker
2–3 EL Orangensaft
200 g Marzipan-Rohmasse
50 g gesiebter Puderzucker
gelbe und grüne Speisefarbe
einige Gold-Zuckerperlen
1–2 EL Puderzucker

Zubereitungszeit:
60 Minuten

Insgesamt:
E: 159 g, F: 555 g, Kh: 1256 g, kJ: 45989, kcal: 10987

RAFFINIERT

1 Für das große Herz Butter oder Margarine mit Handrührgerät mit Rührbesen auf höchster Stufe geschmeidig rühren. Nach und nach Zucker und Vanillin-Zucker unterrühren. So lange rühren, bis eine gebundene Masse entstanden ist. Eier nach und nach unterrühren (jedes Ei etwa ½ Minute).

2 Mehl mit Backpulver mischen, sieben und portionsweise auf mittlerer Stufe unterrühren. Die Hälfte des Teiges in eine gefettete und gemehlte Herzform (Ø 30 cm) füllen, glattstreichen und mit den abgetropften Mandarinen belegen. Den restlichen Teig darauf streichen.

Ober-/Unterhitze: etwa 180 °C (vorgeheizt, unteres Drittel)
Heißluft: etwa 160 °C (nicht vorgeheizt)
Gas: etwa Stufe 3 (nicht vorgeheizt)
Backzeit: etwa 65 Minuten

3 Das Gebäck 10 Minuten in der Form stehen lassen (eventuell den Gebäckboden geradeschneiden) auf einen Kuchenrost stürzen und erkalten lassen.

4 Für die kleinen Herzen aus den Zutaten einen Rührteig zubereiten. Die Hälfte des Teiges auf 2 gefettete, gemehlte Herzformen (Ø 24 und 14 cm) verteilen, mit den abgetropften Mandarinen belegen und den restlichen Teig daraufstreichen. Das kleinere Herz etwa 35, das größere Herz etwa 45 Minuten bei der oben angegebenen Temperatur backen und erkalten lassen. Die Herzen nach dem Erkalten aufeinandersetzen.

5 Puderzucker mit Orangensaft zu einer zähflüssigen Masse verrühren, in ein Pergamentpapiertütchen füllen, eine kleine Spitze abschneiden und die Herzränder damit verzieren (etwas Guss für die Marzipanblüten zurücklassen).

6 Marzipan-Rohmasse mit Puderzucker verkneten, ⅔ davon mit Speisefarbe gelb, ⅓ grün einfärben und getrennt jeweils zwischen 2 Lagen Klarsichtfolie ausrollen. Aus dem gelben Marzipan mit Plätzchenausstechern Rosetten (Ø 2 und 3–4 cm) ausstechen. Jeweils 1 kleine und 1 große Rosette mit Guss zu einer Blüte zusammenkleben. In die Mitte jeder Blüte eine Zuckerperle kleben. Die Blüten auf der Torte verteilen.

7 Aus dem grünen Marzipan mit einem spitzen Messer Blätter ausschneiden und auf der Torte verteilen. Die gesamte Torte leicht mit Puderzucker bestäuben.

Hochzeitstorte Schmetterlingsträume

Zutaten

Für den Knetteig (Boden und Schmetterlinge):
250 g Weizenmehl
150 g abgezogene, gemahlene Mandeln
100 g Zucker
1 Prise Salz
2 Eier (Größe M)
200 g Butter oder Margarine

2 EL Johannisbeergelee, durch ein Sieb gestrichen

Für den Biskuitteig (3 x zubereiten):
4 Eier (Größe M)
3–4 EL heißes Wasser
100 g Zucker
1 Pck. Vanillin-Zucker
75 g Weizenmehl
50 g Speisestärke
1 Msp. Backpulver

Für Füllung 1:
6 Blatt weiße Gelatine
125 ml (⅛ l) trockener Sekt
1 EL Zitronensaft
100 g Zucker
500 ml (½ l) Schlagsahne

Für Füllung 2:
12 Blatt weiße Gelatine
300 g Erdbeeren, frisch oder TK
3 EL Zitronensaft
125 g Zucker
600 ml Schlagsahne

Für den Guss:
100 g Puderzucker
1 EL Zitronensaft
1 EL Wasser

Erdbeeren, Heidelbeeren, Himbeeren, Pflaumen, Karambole

Zubereitungszeit:
70 Minuten, ohne Kühlzeit

Insgesamt:
E: 237 g, F: 686 g, Kh: 1335 g, kJ: 54380, kcal: 12996

ETWAS AUFWENDIGER

1 Für den Knetteig Mehl in eine Rührschüssel sieben. Mandeln, Zucker, Salz, Eier und Butter oder Margarine hinzufügen.

2 Die Zutaten mit Handrührgerät mit Knethaken zunächst kurz auf niedrigster, dann auf höchster Stufe gut durcharbeiten, anschließend auf der Arbeitsfläche zu einem glatten Teig verkneten, sollte er kleben, ihn eine Zeitlang kalt stellen.

3 Den Teig halbieren. Eine Hälfte zu einer Platte (Ø 28 cm) ausrollen, auf ein gefettetes Backblech legen und mehrmals mit einer Gabel einstechen. Den restlichen Teig dünn ausrollen, verschieden große Schmetterlinge ausstechen und mit auf das Backblech legen. Das Backblech in den Backofen schieben.

Ober-/Unterhitze: etwa 200 °C (vorgeheizt)
Heißluft: etwa 180 °C (vorgeheizt)
Gas: Stufe 3–4 (vorgeheizt)
Backzeit: etwa 12 Minuten für die Schmetterlinge, etwa 15 Minuten für den Boden

4 Schmetterlinge und Boden sofort nach dem Backen vom Backblech lösen und auf einem Kuchenrost erkalten lassen. Den Boden auf eine Tortenplatte legen und mit Johannisbeergelee bestreichen.

5 Für den Biskuitteig Eier und Wasser mit Handrührgerät mit Rührbesen auf höchster Stufe in 1 Minute schaumig schlagen. Zucker mit Vanillin-Zucker mischen, in 1 Minute einstreuen, dann noch etwa 2 Minuten schlagen. Mehl mit Speisestärke und Backpulver mischen, die Hälfte davon auf die Eiercreme sieben und kurz auf niedrigster Stufe unterrühren. Den Rest des Mehlgemisches auf die gleiche Weise unterarbeiten.

6 Den Teig auf ein mit Backpapier belegtes Backblech (30 x 40 cm) streichen. Vor die offene Seite einen mehrfach geknickten Backpapierstreifen legen. Das Backblech in den Backofen schieben und sofort backen.

Ober-/Unterhitze: etwa 200 °C (vorgeheizt)
Heißluft: –
Gas: Stufe 3–4 (vorgeheizt)
Backzeit: 10–12 Minuten

7 Den Biskuit sofort nach dem Backen auf ein mit Zucker bestreutes Geschirrtuch stürzen, das Backpapier abziehen und die Biskuitplatte zusammen mit dem Geschirrtuch locker aufrollen. 2 weitere Biskuitrollen auf die gleiche Weise zubereiten.

8 Für Füllung 1 Gelatine nach Packungsanleitung einweichen. Sekt mit Zitronensaft und Zucker verrühren. Gelatine ausdrücken, auflösen, schnell in die Flüssigkeit rühren und kalt stellen. Wenn die Masse anfängt dicklich zu werden, Sahne sehr steif schlagen und unterheben. 2 Biskuitrollen mit der Creme füllen und etwa 2 Stunden kalt stellen.

(Fortsetzung Seite 84)

(Fortsetzung von Seite 82)

9 Für Füllung 2 Gelatine nach Packungsanleitung einweichen. Erdbeeren waschen, putzen, pürieren und mit Zitronensaft und Zucker verrühren. Gelatine ausdrücken, auflösen, schnell unter die Erdbeermasse rühren und kalt stellen. Wenn die Masse anfängt dicklich zu werden, Sahne steif schlagen und unterheben. Die dritte Biskuitrolle mit ⅔ der Erdbeercreme füllen und etwa 2 Stunden kalt stellen. Die restliche Erdbeercreme zum Bestreichen der Torte bei Zimmertemperatur aufbewahren, sonst wird sie zu schnell fest.

10 Die Biskuitrollen in etwa 5 cm dicke Stücke schneiden (21 Stücke). Diese zur Torte aufeinander setzen. Die Torte ganz mit der restlichen Erdbeercreme bestreichen und kalt stellen.

11 Für den Guss Puderzucker mit Zitronensaft und Wasser verrühren, die Schmetterlinge damit bestreichen und trocknen lassen. Früchte vorbereiten. Die Torte kurz vor dem Servieren mit Früchten und Schmetterlingen garnieren.

Oh-my-darling-Herzen

Zutaten

Für den Rührteig:
250 g Butter oder Margarine
175 g Zucker
2 Pck. Vanillin-Zucker
5 Eigelb (Größe M)
125 g Weizenmehl
75 g Speisestärke
½ TL Backpulver
100 g abgezogene, gemahlene Mandeln
1 EL Rosenwasser
1 EL Rum
5 Eiweiß (Größe M)

Für den Guss:
200 g weiße Kuvertüre

Zum Verzieren und Garnieren:
100 g Marzipan-Rohmasse
50 g gesiebter Puderzucker
rote Speisefarbe
50 g zerlassene Halbbitter-Kuvertüre

Zubereitungszeit:
50 Minuten, ohne Trockenzeit

Insgesamt:
E: 103 g, F: 411 g, Kh: 594 g, kJ: 28155, kcal: 6725

ZUM VERSCHENKEN

1 Für den Teig Butter oder Margarine mit Handrührgerät mit Rührbesen auf höchster Stufe geschmeidig rühren. Zucker und Vanillin-Zucker nach und nach unterrühren, so lange rühren, bis eine gebundene Masse entstanden ist. Eigelb nach und nach unterrühren (jedes Eigelb knapp ½ Minute).

2 Mehl mit Speisestärke und Backpulver mischen, sieben und abwechselnd portionsweise mit Mandeln, Rosenwasser und Rum auf mittlerer Stufe unterrühren. Eiweiß steif schlagen und locker unterheben.

3 Ein Backblech (22 x 38 cm) mit Backpapier oder Alufolie auslegen, dabei an der offenen Kante hochfalzen. Mit einem Teigschaber oder einer Teigkarte eine hauchdünne Teigschicht aufstreichen und in der Mitte des Backofens etwa 3 Minuten grillen. Diesen Vorgang wiederholen, bis der Teig verbraucht ist. Die Gebäckplatte erkalten lassen. Dann daraus verschieden große Herzen ausstechen.

4 Für den Guss Kuvertüre in einem kleinen Topf im Wasserbad bei schwacher Hitze zu einer geschmeidigen Masse verrühren, die Herzen damit bestreichen und den Guss fest werden lassen.

5 Marzipan-Rohmasse mit Puderzucker und Speisefarbe verkneten, zwischen 2 Lagen Klarsichtfolie dünn ausrollen und Herzen unterschiedlicher Größe ausstechen. Die Marzipanherzen auf die Gebäckherzen legen und mit Kuvertüre beschriften.

Tipp: *Nach Belieben die Marzipanherzen weglassen und die mit Kuvertüre überzogenen Herzen direkt mit aufgelöster Kuvertüre oder Zuckerschrift verzieren.*

I
Love
you
Mami
Für Dich
Dank
my darling

Valentinstorte

Zutaten

Für den Rührteig:
500 g Butter oder Margarine
400 g Zucker
2 Pck. Vanillin-Zucker
8 Eier (Größe M)
700 g Weizenmehl
6 gestr. TL Backpulver

Für den Guss:
3 Pck. (je 100 g) Vanille-Kuchenglasur

Zum Garnieren und Verzieren:
100 g Marzipan-Rohmasse
30 g gesiebter Puderzucker
rote Speisefarbe

Zubereitungszeit:
35 Minuten, ohne Trockenzeit

Insgesamt:
E: 156 g, F: 516 g, Kh: 1283 g, kJ: 44892, kcal: 10726

EINFACH

1 Für den Teig Butter oder Margarine mit Handrührgerät mit Rührbesen auf höchster Stufe geschmeidig rühren. Nach und nach Zucker und Vanillin-Zucker unterrühren, so lange rühren, bis eine gebundene Masse entstanden ist. Eier nach und nach unterrühren (jedes Ei etwa ½ Minute).

2 Mehl mit Backpulver mischen, sieben und portionsweise auf mittlerer Stufe unterrühren. Den Teig in eine gefettete, gemehlte dreistöckige Backform (Ø 26 cm) füllen und glattstreichen. Die Form auf dem Rost in den Backofen schieben.

Ober-/Unterhitze: etwa 180 °C (vorgeheizt, unteres Drittel)
Heißluft: etwa 160 °C (nicht vorgeheizt)
Gas: etwa Stufe 3 (nicht vorgeheizt)
Backzeit: etwa 90 Minuten

3 Den Kuchen 10 Minuten in der Form stehen lassen, evtl. den Boden gerade schneiden, den Kuchen dann auf einen Kuchenrost stürzen und erkalten lassen.

4 Für den Guss Kuchenglasur nach Packungsanleitung im Wasserbad auflösen, den Kuchen ganz damit überziehen und trocknen lassen.

5 Marzipan-Rohmasse mit Puderzucker verkneten und in 4 Teile teilen. Jedes Viertel mit unterschiedlich viel Speisefarbe einfärben, von rosa bis rot und getrennt zwischen 2 Lagen Klarsichtfolie ausrollen. Herzen in verschiedenen Größen (bis maximal 3 cm) ausstechen und üppig auf der Torte verteilen.

Tipps: *Nach Belieben Grüße auf buntes Papier schreiben, auf Stäbchen stecken und die Torte damit garnieren.*
Die Torte kann z. B. mit Stäbchenkerzen als Geburtstagstorte oder mit einem Brautpaar als Hochzeitstorte dekoriert werden.

Abwandlung: *Eine Buttercreme zubereiten (Zutaten und Zubereitung siehe „Tauftorte", Seite 88). Die 3 Etagen der Torte je einmal waagerecht durchschneiden und mit der Creme bestreichen. Die Torte wieder zusammensetzen und gut andrücken. Die Torte mit dem Guss überziehen. Eventuell übrige Creme in einen Spritzbeutel füllen und die Torte zusätzlich zu den Herzen damit verzieren.*

liebe Dich....
Amore....
love

Tauftorte

Zutaten

Für den Biskuitteig:
4 Eier (Größe M)
100 g Zucker
1 Pck. Vanillin-Zucker
100 g Weizenmehl
25 g Speisestärke
½ gestr. TL Backpulver
100 g gemahlene Haselnusskerne

Für die Füllung:
1 Pck. Pudding-Pulver Vanille-Geschmack
50 g Zucker
500 ml (½ l) Milch
250 g weiche Butter
100 g gemahlene, geröstete Haselnusskerne
50 g gehackte, geröstete Haselnusskerne

einige Zuckerblumen
200 g Marzipan-Rohmasse
75 g gesiebter Puderzucker
Speisefarben

Zubereitungszeit:
60 Minuten, ohne Kühlzeit

Insgesamt:
E: 120 g, F: 435 g, Kh: 492 g,
kJ: 27461, kcal: 6557

ZUM VERSCHENKEN

Basisversion:
Torte mit Buttercremeverzierung bis Punkt 6

Profiversion:
Torte mit Marzipandekoration bis Punkt 7

1 Für den Teig Eier mit Handrührgerät mit Rührbesen auf höchster Stufe in 1 Minute schaumig schlagen. Zucker und Vanillin-Zucker mischen, in 1 Minute einstreuen, dann noch etwa 2 Minuten schlagen.

2 Mehl mit Speisestärke und Backpulver mischen, die Hälfte davon auf die Eiercreme sieben und kurz auf niedrigster Stufe unterrühren. Den Rest des Mehlgemisches auf die gleiche Weise unterarbeiten. Haselnusskerne unterheben. Den Teig in eine Springform (Ø 26 cm, Boden gefettet, mit Backpapier belegt) füllen. Die Form auf dem Rost in den Backofen schieben und sofort backen.

Ober-/Unterhitze: etwa 180 °C (vorgeheizt)
Heißluft: –
Gas: etwa Stufe 3 (vorgeheizt)
Backzeit: 25–30 Minuten

3 Den Boden aus der Form lösen, auf einen mit Backpapier belegten Kuchenrost stürzen, das mitgebackene Papier abziehen und den Boden erkalten lassen. Den erkalteten Boden zweimal waagerecht durchschneiden.

4 Für die Füllung aus Pudding-Pulver, Zucker und Milch nach Packungsanleitung einen Pudding zubereiten, mit Klarsichtfolie abdecken und erkalten lassen lassen.

5 Butter geschmeidig rühren, den Pudding esslöffelweise unterrühren (darauf achten, dass weder Butter noch Pudding zu kalt sind, da die Creme sonst gerinnt). Unter die Hälfte der Creme die Haselnusskerne rühren. Den unteren Boden auf eine Tortenplatte legen und mit der Hälfte der Haselnusscreme bestreichen. Mit dem mittleren Boden bedecken, mit der restlichen Haselnusscreme bestreichen und mit dem oberen Boden bedecken.

6 Etwa 3 Esslöffel der Vanille-Buttercreme abnehmen und in einen Spritzbeutel mit kleiner Lochtülle füllen. Tortenrand und -oberfläche mit der restlichen Creme bestreichen. Mit der Creme aus dem Spritzbeutel kleine Tupfen auf die Tortenoberfläche und Striche an den Tortenrand spritzen. Die Tupfen mit Zuckerblumen garnieren.

7 Marzipan-Rohmasse mit Puderzucker verkneten. Einen Teil mit Speisefarbe einfärben. Aus dem Marzipan Spielzeug, z. B. Teddybär, Schnuller und Rassel, formen und auf die Torte legen.

Tipps: *Nach Belieben den unteren und mittleren Boden mit je 2 Esslöffeln Amaretto tränken (mit Hilfe eines Pinsels).*
Die Basisversion der Torte eignet sich natürlich auch für andere Anlässe, z. B. mit einer aufgespritzten Zahl zum Geburtstag oder Jubliäum.

Sofa

Zutaten

Für den Rührteig:
250 g Butter oder Margarine
200 g Zucker
1 Pck. Vanillin-Zucker
4 Eier (Größe M)
350 g Weizenmehl
3 gestr. TL Backpulver

Für die Buttercreme:
1 Pck. Pudding-Pulver Vanille-Geschmack
80 g Zucker
500 ml (½ l) Milch
200 g Butter

Für die Marzipandekoration:
100 g Marzipan-Rohmasse
50 g gesiebter Puderzucker
Speisefarbe
3 Zuckerperlen
Lakritzschnüre

Zubereitungszeit:
60 Minuten, ohne Kühlzeit

Insgesamt:
E: 101 g, F: 452 g, Kh: 695 g, kJ: 31236, kcal: 7461

RAFFINIERT

Basisversion:
Sofa pur bis Punkt 6

Profiversion:
Sofa mit Dekoration bis Punkt 8

1 Für den Rührteig die Zutaten zu einem Teig verarbeiten (Anleitung siehe Rezept „Fußballfeld“, Seite 114). Den Teig in eine gefettete, gemehlte Kastenform (25 x 11 cm) füllen und glattstreichen. Die Form auf dem Rost in den Backofen schieben.

Ober-/Unterhitze: etwa 180 °C (vorgeheizt, unteres Drittel)
Heißluft: etwa 160 °C (nicht vorgeheizt)
Gas: etwa Stufe 3 (nicht vorgeheizt)
Backzeit: etwa 60 Minuten

2 Den Kuchen aus der Form lösen und auf einem Kuchenrost erkalten lassen.

3 Für die Buttercreme aus Pudding-Pulver, Zucker und Milch nach Packungsanleitung einen Pudding kochen und erkalten lassen. Dabei ab und zu durchrühren oder mit Klarsichtfolie abdecken, damit sich keine Haut bildet.

4 Butter geschmeidig rühren, den erkalteten Pudding esslöffelweise darunter geben (darauf achten, dass weder Butter noch Pudding zu kalt sind, da die Creme sonst gerinnt).

5 Aus dem erkalteten Kuchen als Sitzfläche ein Viertel des Kuchens der Länge nach im rechten Winkel herausschneiden. Den herausgeschnittenen Teil senkrecht in 3 Teile schneiden.

6 Die beiden Eckstücke mit etwas Buttercreme als Armlehnen an dem Rumpfstück befestigen (das Mittelstück wird nicht benötigt). Das gesamte Sofa üppig mit der Creme einstreichen und etwa 2 Stunden kalt stellen.

7 Für die Marzipandekoration Marzipan-Rohmasse mit Puderzucker verkneten, in mehrere Teile teilen und mit Speisefarbe unterschiedlich einfärben. Für das Bezugsmuster des Sofas das Marzipan zwischen 2 Lagen Klarsichtfolie ausrollen, Punkte ausstechen und auf dem Sofa verteilen. Kordeln und Kügelchen formen und ebenfalls verteilen.

8 Aus dem übrigen Marzipan 2 Kissen und 1 Katze formen. Mit Zuckerperlen und Lakritzschnüren das Gesicht markieren. Die Teile auf das Sofa legen.

Tipps: *Als Grundlage für das Sofa kann natürlich auch ein Kastenkuchen aus einer Backmischung gebacken oder ein fertig gekaufter Kastenkuchen verwendet werden.*
Die Buttercreme nach Belieben mit etwas Mandellikör abschmecken.
Für ein andersfarbiges Sofa die Buttercreme mit etwas Speisefarbe oder 2 Esslöffeln Rote-Bete-Saft einfärben.
Das Sofa kann auch am Vortag zubereitet werden. Dann die Marzipandekoration erst etwas trocknen lassen oder frisch vor dem Servieren auflegen, die Farben könnten sonst verlaufen.

Einladung zur
Hauseinweihung

Führerschein-Kuchen

Zutaten

Für den Biskuitteig:
6 Eiweiß (Größe M)
130 g gesiebter Puderzucker
60 g Marzipan-Rohmasse
4 Eigelb (Größe M)
2 TL Rum
80 g Weizenmehl
50 g Speisestärke
1 TL Backpulver
100 g zerlassene, abgekühlte Butter

Für die Füllung:
100 g dunkler Nuss-Nougat
200 g Aprikosenkonfitüre

Für den Belag:
100 g Marzipan-Rohmasse
50 g gesiebter Puderzucker

Für den Guss:
250 g gesiebter Puderzucker
3–4 EL Zitronensaft
evtl. Speisefarbe

Zum Garnieren und Verzieren:
Marzipan-Rohmasse
gesiebter Puderzucker
Speisefarben
Zartbitterschokolade

Zubereitungszeit:
60 Minuten

Insgesamt:
E: 74 g, F: 195 g, Kh: 820 g,
kJ: 22934, kcal: 5476

ZUM VERSCHENKEN

1 Für den Teig Eiweiß sehr steif schlagen. Die Hälfte des Puderzuckers unterrühren. Marzipan raspeln, mit Eigelb, Rum und dem restlichen Puderzucker schaumig rühren. Eischnee unterheben.

2 Mehl, Speisestärke und Backpulver mischen, darüber sieben und zusammen mit der Butter unterrühren.

3 Die Hälfte des Teiges auf ein gefettetes, mit Backpapier belegtes Backblech (30 x 40 cm) streichen. Die offene Teigseite mit einem mehrfach geknickten Papierstreifen schließen. Das Backblech in den Backofen schieben und sofort backen.

Ober-/Unterhitze: etwa 200 °C (vorgeheizt)
Heißluft: –
Gas: etwa Stufe 4 (vorgeheizt)
Backzeit: etwa 12 Minuten

4 Die Gebäckplatte auf Backpapier stürzen. Das mitgebackene Backpapier abziehen und das Gebäck erkalten lassen.

5 Den restlichen Teig wie oben beschrieben auf das Backblech streichen, backen und erkalten lassen. Die erkalteten Gebäckplatten einmal senkrecht halbieren.

6 Für die Füllung Nougat in einem kleinen Topf im Wasserbad bei schwacher Hitze zu einer geschmeidigen Masse verrühren. Konfitüre durch ein Sieb streichen. Die obere Seite einer Gebäckplatte mit dem Nougat bestreichen, die anderen Gebäckplatten auf den Unterseiten mit Konfitüre bestreichen und auf die Nougatplatte schichten. Die Oberfläche mit der restlichen Konfitüre bestreichen.

7 Für den Belag Marzipan-Rohmasse mit Puderzucker verkneten. Die Hälfte davon zwischen 2 Lagen Klarsichtfolie ausrollen, in der Größe des Kuchens ausschneiden, auf den Kuchen legen und gut andrücken.

8 Für den Guss Puderzucker mit Zitronensaft zu einer zähflüssigen Masse verrühren, nach Belieben mit Speisefarbe bunt einfärben und den Kuchen damit überziehen.

9 Marzipan-Rohmasse mit Puderzucker verkneten, nach Belieben mit Speisefarbe einfärben, daraus Gegenstände, z. B. ein Auto oder eine Ampel formen und auf dem Kuchen anrichten.

10 Schokolade in einem kleinen Topf im Wasserbad bei schwacher Hitze zu einer geschmeidigen Masse verrühren, in ein Pergamentpapiertütchen füllen, eine kleine Spitze abschneiden und den Kuchen damit beschriften und verzieren.

Tipp: *Für andere Anlässe können aus dem Marzipan andere Gegenstände geformt werden, z. B. ein Haus zum Richtfest.*

Zum Führerschein!

Tennisplatz

Zutaten

Für den Biskuitteig:
7 Eier (Größe M)
300 g gesiebter Puderzucker
3 Pck. Vanillin-Zucker
2 Pck. Geriebene Zitronenschale
200 g Weizenmehl
150 g Speisestärke
1 Pck. Backpulver
125 g zerlassene, etwas abgekühlte Butter

Für die Buttercreme:
500 ml (½ l) Orangensaft
100 ml Zitronensaft
40 g Speisestärke
100 g Zucker
175 g Butter

Zum Bestreichen:
etwa 6 EL Kiwikonfitüre
2 EL Zucker
etwas grüne Speisefarbe

Zum Verzieren und Garnieren:
150 g Marzipan-Rohmasse
50 g gesiebter Puderzucker
etwa 125 g durch ein Sieb gestrichene Aprikosenkonfitüre
etwa 100 g gesiebter Puderzucker
etwas Eiweiß
gesiebtes Kakaopulver
etwa 50 g geriebene Zartbitterschokolade

Zubereitungszeit:
75 Minuten, ohne Kühlzeit

Insgesamt:
E: 111 g, F: 367 g, Kh: 1182 g, kJ: 36455, kcal: 8710

DAUERT LÄNGER

1 Für den Teig Eier mit Handrührgerät mit Rührbesen auf höchster Stufe in 1 Minute schaumig schlagen. Puderzucker mit Vanillin-Zucker und Zitronenschale mischen, in 1 Minute einstreuen, dann noch etwa 2 Minuten schlagen.

2 Mehl mit Speisestärke und Backpulver mischen, die Hälfte davon auf die Eiercreme sieben und kurz auf niedrigster Stufe unterrühren. Den Rest des Mehlgemisches auf dieselbe Weise unterarbeiten. Butter unterrühren.

2 cm Netz

3 Die Hälfte des Teiges auf ein gefettetes, mit Backpapier belegtes Backblech (30 x 40 cm) streichen, die offene Seite mit einem mehrfacht geknicktem Papierstreifen verschließen. Das Backblech in den Backofen schieben und sofort backen.

Ober-/Unterhitze: etwa 200 °C (vorgeheizt)
Heißluft: –
Gas: Stufe 3–4 (vorgeheizt)
Backzeit: etwa 12 Minuten

4 Das Gebäck auf mit etwas Zucker bestreutes Backpapier stürzen, das mitgebackene Papier abziehen und das Gebäck erkalten lassen.

5 Den restlichen Teig wie oben beschrieben backen und erkalten lassen.

6 Die beiden Gebäckplatten auf ein Format von 32 x 30 cm schneiden. Aus den beiden 8 cm breiten Streifen mit Hilfe einer Papierschablone 4 Tennisschläger ausschneiden. Die Gebäckreste zerkrümeln. Von den beiden Gebäckplatten je 1 Streifen (30 x 2 cm) für das Netz abschneiden.

7 Für die Buttercreme Orangen- und Zitronensaft mischen, 4 Esslöffel davon abnehmen und mit Speisestärke und Zucker verrühren. Den restlichen Saft in einen Topf geben und zum Kochen bringen. Von der Kochstelle nehmen, die angerührte Flüssigkeit einrühren und unter Rühren aufkochen lassen. Den Pudding kalt stellen, dabei ab und zu umrühren.

8 Butter geschmeidig rühren und den Pudding esslöffelweise unterrühren (darauf achten, dass weder Butter noch Pudding zu kalt sind, da die Creme sonst gerinnt). Eine der Gebäckplatten mit der Creme bestreichen (etwa 3 Esslöffel Creme zurücklassen), die zweite Platte darauf legen und gut andrücken.

9 Die beiden Gebäckstreifen für das Netz und die Tennisschläger mit der zurückgelassenen Buttercreme zusammensetzen.

30 cm

10 Kiwikonfitüre mit Zucker und Speisefarbe verrühren, in einem Topf aufkochen lassen, bis sich der Zucker gelöst hat und die Oberfläche der Gebäckplatte damit bestreichen. Das Netz in die Mitte des Feldes legen.

11 Marzipan-Rohmasse mit Puderzucker verkneten, dünn ausrollen und daraus Tennisschläger, Netz, Begrenzungslinien und Preisschild ausschneiden. Die Oberflächen von Schlägern und Netz mit etwas Aprikosenkonfitüre bestreichen und die Marzipanformen darauflegen. Die Linien auf das Feld legen.

12 Für die Bälle die Gebäckkrümel mit der restlichen Aprikosenkonfitüre verkneten und etwa 19 Kugeln daraus formen.

13 Puderzucker mit so viel Eiweiß verrühren, dass eine zähe, spritzfähige Masse entsteht, einen Teil der Masse mit Kakao einfärben und getrennt in Pergamentpapiertütchen füllen. Eine kleine Spitze abschneiden und Spielfeld, Schläger und Bälle damit verzieren. Den Tortenrand mit Schokolade bestreuen.

Schleifenkuchen

Zutaten

125 g getrocknete Ananas
3 EL weißer Rum

Für den Rührteig:
75 g Butter oder Margarine
75 g Zucker
1 Pck. Vanillin-Zucker
1 Prise Salz
1 Msp. gemahlener Ingwer
3 Eigelb (Größe M)
150 g Weizenmehl
2 gestr. TL Backpulver
3 Eiweiß (Größe M)
50 g abgezogene, gemahlene Mandeln

3 EL weißer Rum
1 EL Ananaskonfitüre
1 EL Ingwerkonfitüre

Zum Belegen:
125 g Marzipan-Rohmasse
25 g gesiebter Puderzucker

Für den Guss:
150 g gesiebter Puderzucker
etwas Eiweiß

Zum Garnieren:
100 g Marzipan-Rohmasse
Speisefarbe
bunte Dekorzutaten

Zubereitungszeit:
50 Minuten, ohne Durchzieh- und Trockenzeit

Insgesamt:
E: 82 g, F: 186 g, Kh: 560 g, kJ: 19111, kcal: 4564

ZUM VERSCHENKEN

1 Die getrockneten Ananas fein würfeln und in dem Rum durchziehen lassen (am besten über Nacht).

2 Für den Teig Butter oder Margarine mit Handrührgerät mit Rührbesen auf höchster Stufe geschmeidig rühren. Nach und nach Zucker, Vanillin-Zucker und Salz unterrühren, so lange rühren, bis eine gebundene Masse entstanden ist. Ingwer unterrühren. Eigelb nach und nach unterrühren (jedes Eigelb knapp ½ Minute).

3 Mehl mit Backpulver mischen, sieben und portionsweise auf mittlerer Stufe unterrühren. Eiweiß steif schlagen und mit Mandeln und den eingeweichten Ananasstückchen unterheben. Den Teig in eine Springform (Ø 18 cm, Boden gefettet, mit Backpapier belegt) füllen und glattstreichen. Die Form auf dem Rost in den Backofen schieben.

Ober-/Unterhitze: etwa 170 °C (vorgeheizt, unteres Drittel)
Heißluft: etwa 150 °C (nicht vorgeheizt)
Gas: etwa Stufe 3 (nicht vorgeheizt)
Backzeit: etwa 50 Minuten

4 Das Gebäck sofort nach dem Backen aus der Form lösen, auf einen mit Backpapier belegten Kuchenrost stürzen, das mitgebackene Papier abziehen und den Kuchen erkalten lassen.

5 Das Gebäck mit dem Rum tränken. Die beiden Konfitüresorten verrühren, erwärmen und das Gebäck damit bestreichen.

6 Zum Belegen Marzipan-Rohmasse mit Puderzucker verkneten, auf Puderzucker ausrollen, den Rand und die Oberfläche des Gebäcks damit belegen und kalt stellen.

7 Für den Guss Puderzucker mit Eiweiß zu einer zähflüssigen Masse verrühren, das Gebäck damit überziehen und den Guss fest werden lassen.

8 Marzipan-Rohmasse gut durchkneten, nach Belieben mit Speisefarbe einfärben, zwischen 2 Lagen Klarsichtfolie etwa ½ cm dick ausrollen, daraus eine Schleife mit Bändern formen und auf den Kuchen legen. Dann nach Belieben den Kuchen mit bunten Dekorzutaten garnieren.

Abwandlung: *Anstelle von Ananas und Rum die entsprechenden Mengen getrocknete Aprikosen und Marillen- oder Aprikosenlikör verwenden. Dann den Teig ohne Ingwer zubereiten und zum Bestreichen 2 Esslöffel Aprikosenkonfitüre verwenden.*

Mein-lieber-Herr-Gesangverein-Torte

Zutaten

Für den Biskuitteig:
100 g Pinienkerne
200 g Zartbitterschokolade
200 g Vollmilchschokolade
200 g Butter
12 Eier (Größe M)
180 g Zucker
2 Pck. Vanillin-Zucker
160 ml Grappa (Tresterbranntwein)
150 g Rosinen
250 g gesiebtes Weizenmehl

300 g Orangenmarmelade
5 EL Wasser
400 g Marzipan-Rohmasse
100 g gesiebter Puderzucker
etwa 1 TL gesiebtes Kakaopulver
50 g Vollmilch-Kuvertüre
150 g gesiebter Puderzucker
etwa 2 EL Wasser

Zubereitungszeit:
70 Minuten

Insgesamt:
E: 234 g, F: 581 g, Kh: 1180 g, kJ: 48721, kcal: 11640

GUT VORZUBEREITEN

1 Für den Teig Pinienkerne in einer Pfanne ohne Fett leicht bräunen und abkühlen lassen. Schokolade grob zerkleinern, mit Butter in einem kleinen Topf im Wasserbad bei schwacher Hitze zu einer geschmeidigen Masse verrühren und etwas abkühlen lassen.

2 Eier trennen. Eigelb, Zucker, Vanillin-Zucker und Grappa mit Handrührgerät mit Rührbesen schaumig rühren. Schokolade, Pinienkerne und Rosinen zugeben und vermengen.

3 Eiweiß steif schlagen. In 2 Portionen mit dem Mehl unterheben. Den Teig in 3 Springformen füllen (Ø 26, 22 und 18 cm, Boden gefettet, mit Backpapier belegt). Die Formen auf dem Rost in den Backofen schieben und sofort backen.

Ober-/Unterhitze: etwa 180 °C (vorgeheizt)
Heißluft: –
Gas: etwa Stufe 3 (nicht vorgeheizt)
Backzeit: etwa 50 Minuten

4 Die Kuchen aus den Formen lösen, auf Kuchenroste stürzen und erkalten lassen. Das Backpapier abziehen. Die Kuchen evtl. gerade schneiden.

5 Orangenmarmelade durch ein Sieb streichen, mit Wasser aufkochen und die Kuchen damit bestreichen.

6 Marzipan-Rohmasse mit Puderzucker verkneten, mit Kakao färben und zwischen 2 Lagen Klarsichtfolie ausrollen. 3 Randstreifen schneiden, die 1 cm höher sind als die Kuchen und aufrollen. Die Rollen an die Kuchen setzen, um die Kuchen herum abrollen und leicht andrücken. Das hochstehende Marzipan mit einer Schere in etwa 1 cm Abstand rundherum einschneiden. Die Kuchen aufeinander setzen.

7 Kuvertüre in einem kleinen Topf im Wasserbad bei schwacher Hitze zu einer geschmeidigen Masse verrühren, in ein Pergamentpapiertütchen füllen, eine kleine Spitze abschneiden, Noten und Notenschlüssel auf Pergamentpapier spritzen und erkalten lassen.

8 Puderzucker mit Wasser zu einem zähflüssigen Guss verrühren, in ein Pergamentpapiertütchen füllen, eine kleine Spitze abschneiden und feine Linien auf den Kuchen spritzen. Den Kuchen mit den Noten verzieren.

Tipp: *Der Kuchen bleibt einige Tage frisch und läßt sich gut vorbereiten.*

Verdi

Sauhaufen

Zutaten

Für den Rührteig:
350 g Butter
250 g Zucker
1 Pck. Vanillin-Zucker
1 Pck. Orangenfrucht
6 Eier (Größe M)
350 g Weizenmehl
50 g Speisestärke
2 gestr. TL Backpulver

3 EL Aprikosenkonfitüre
400 g Marzipan-Rohmasse
200 g gesiebter Puderzucker
grüne, gelbe, rote Speisefarbe
1 EL Wasser
1 TL gesiebtes Kakaopulver
braune Zuckerschrift

Zubereitungszeit:
60 Minuten

Insgesamt:
E: 137 g, F: 472 g, Kh: 949 g,
kJ: 36984, kcal: 8835

RAFFINIERT

1 Für den Teig Butter mit Handrührgerät mit Rührbesen auf höchster Stufe geschmeidig rühren. Nach und nach Zucker, Vanillin-Zucker und Orangenfrucht unterrühren, so lange rühren, bis eine gebundene Masse entstanden ist. Eier nach und nach unterrühren (jedes Ei etwa ½ Minute).

2 Mehl mit Speisestärke und Backpulver mischen, sieben und portionsweise auf mittlerer Stufe unterrühren. Den Teig in eine Springform (Ø 26 cm, Boden gefettet) füllen und glattstreichen. Die Form auf dem Rost in den Backofen schieben.

Ober-/Unterhitze: etwa 180 °C (vorgeheizt, unteres Drittel)
Heißluft: etwa 160 °C (nicht vorgeheizt)
Gas: etwa Stufe 3 (nicht vorgeheizt)
Backzeit: etwa 60 Minuten

3 Den Boden aus der Form lösen und auf einem Kuchenrost erkalten lassen.

4 Aprikosenkonfitüre durch ein Sieb streichen und den erkalteten Kuchen vollständig damit bestreichen.

5 Marzipan-Rohmasse mit der Hälfte des Puderzuckers verkneten. Gut die Hälfte davon mit grüner, ein walnussgroßes Stück mit gelber und den Rest mit roter Speisefarbe einfärben.

6 Die Hälfte des grünen Marzipans zu einer Kugel formen, zwischen 2 Lagen Klarsichtfolie zu einer Platte in Größe des Kuchens ausrollen, auf die Kuchenoberfläche legen und leicht andrücken. Das restliche grüne Marzipan zu einer Rolle formen und zwischen zwei Lagen Klarsichtfolie zu einem Streifen ausrollen (Länge = Umfang des Kuchens, Breite = Höhe des Kuchens + 2 cm). Den Streifen aufrollen, an dem Kuchenrand ansetzen und abrollen, dabei leicht andrücken. Den überstehenden Rand mit einer Schere einschneiden.

7 Den restlichen Puderzucker mit Wasser und Kakao zu einer zähen Masse verrühren und als „Matschloch" auf dem Kuchen verteilen.

8 Aus dem rosafarbenen Marzipan Schweinchen formen, mit Zuckerschrift Augen aufmalen und die Schweinchen auf der Torte verteilen. Aus dem gelben Marzipan und den rosa und grünen Resten kleine Blumen und Rasen formen und die Torte damit garnieren.

Gespensterschloss

Zutaten

Für den Knetteig:
400 g Weizenmehl
30 g Kakaopulver
2 gestr. TL Backpulver
150 g Zucker
2 Pck. Vanillin-Zucker
2 Eier (Größe M)
150 g Butter oder Margarine

Für die Käsemasse:
4 Eiweiß (Größe M)
750 g Magerquark
150 g Zucker
1 Pck. Vanillin-Zucker
4 Eigelb (Größe M)
3–4 Tropfen Zitronen-Aroma
250 ml (¼ l) Milch
1 Pck. Käsekuchen-Hilfe

Für die Marzipandekoration:
200 g Marzipan-Rohmasse
40 g gesiebter Puderzucker
Zucker

Für den Guss:
50 g gesiebter Puderzucker
2 TL Wasser
½ TL gesiebtes Kakaopulver

Mini-Schokoküsse

Zubereitungszeit:
70 Minuten

Insgesamt:
E: 223 g, F: 247 g, Kh: 865 g,
kJ: 28507, kcal: 6807

FÜR KINDER

1 Für den Teig Mehl mit Kakao und Backpulver mischen und in eine Rührschüssel sieben. Zucker, Vanillin-Zucker, Eier und Butter oder Margarine hinzufügen. Die Zutaten mit Handrührgerät mit Knethaken zunächst kurz auf niedrigster Stufe, dann auf höchster Stufe gut durcharbeiten.

2 Anschließend auf der Arbeitsfläche zu einem glatten Teig verkneten und auf einem gefetteten Backblech (30 x 40 cm) ausrollen. Vor den Teig einen mehrfach geknickten Streifen Alufolie legen.

3 Für die Käsemasse Eiweiß mit ⅓ des Zuckers steif schlagen. Quark, Zucker, Vanillin-Zucker, Eigelb, Zitronen-Aroma und Milch in eine Rührschüssel geben und mit Handrührgerät mit Rührbesen auf höchster Stufe in etwa 1 Minute glattrühren. Käsekuchen-Hilfe unterrühren.

4 Den Eischnee unter die Quarkmasse ziehen und die Masse gleichmäßig auf dem Teig verteilen. Das Backblech in den Backofen schieben.

Ober-/Unterhitze: etwa 180 °C (vorgeheizt)
Heißluft: etwa 160 °C (nicht vorgeheizt)
Gas: Stufe 3–4 (nicht vorgeheizt)
Backzeit: etwa 60 Minuten

5 Das Gebäck erkalten lassen, dann in verschieden große Rechtecke und Platten und die Stücke zu einem „Schloss" aufbauen.

6 Für die Marzipandekoration Marzipan-Rohmasse mit Puderzucker verkneten und dünn auf gesiebtem Puderzucker ausrollen. Fenster, Portal und „Gespensterumhänge" ausschneiden. Die Umhänge in Zucker wenden.

7 Für den Guss Puderzucker mit Wasser verrühren, mit Kakao einfärben, in ein Pergamentpapiertütchen füllen und eine kleine Spitze abschneiden. Fenster und Portal mit dem Guss befestigen und verzieren. Schokoküsse mit dem Guss als „Gespenster" verzieren und ihnen die Marzipanumhänge umlegen.

Tipp: *Nach Belieben einen Teil des Marzipans mit grüner Speisefarbe einfärben, zu dünnen Schnüren formen, in Zucker wenden und zusammen mit Zitronenmelisseblättchen als Efeuranken an dem Schloss anbringen.*

Dorf

Zutaten

Für den Rührteig:
275 g Butter oder Margarine
200 g Zucker
1 Pck. Vanillin-Zucker
5 Eier (Größe M)
300 g Weizenmehl
2 ½ gestr. TL Backpulver
1–2 EL Milch
15–20 g gesiebtes Kakaopulver
2 EL Milch

Für die Creme:
200 ml Schlagsahne
300 g Zartbitterschokolade
50 g weiche Butter

Zum Verzieren und Garnieren:
Zuckerschrift
Schokoladenstreusel
Schokoladenplätzchen
Zuckerstreusel
Borkenschokolade

Zubereitungszeit:
60 Minuten, ohne Kühlzeit

Insgesamt:
E: 106 g, F: 475 g, Kh: 600 g,
kJ: 30692, kcal: 7334

ZUM VERSCHENKEN

1 Für den Teig Butter oder Margarine mit Handrührgerät mit Rührbesen auf höchster Stufe geschmeidig rühren. Nach und nach Zucker und Vanillin-Zucker unterrühren, so lange rühren, bis eine gebundene Masse entstanden ist. Eier nach und nach unterrühren (jedes Ei etwa ½ Minute).

2 Mehl mit Backpulver mischen, sieben und abwechselnd portionsweise mit Milch auf mittlerer Stufe unterrühren. ⅔ des Teiges in eine gefettete, gemehlte Kastenform (30 x 11 cm) füllen.

3 Kakao und Milch unter den restlichen Teig rühren. Den dunklen Teig auf dem hellen verteilen und mit einer Gabel spiralförmig durch die Teigschichten ziehen, so dass ein Marmormuster entsteht. Die Form auf dem Rost in den Backofen schieben.

Ober-/Unterhitze: etwa 180 °C (vorgeheizt, unteres Drittel)
Heißluft: etwa 160 °C (nicht vorgeheizt)
Gas: etwa Stufe 3 (nicht vorgeheizt)
Backzeit: etwa 60 Minuten

4 Den Kuchen 10 Minuten in der Form stehen lassen. Ihn dann auf einen Kuchenrost stürzen und erkalten lassen.

5 Für die Creme Sahne in einem Topf zum Kochen bringen. Schokolade zerkleinern und unter Rühren in der Sahne auflösen, bis eine glatte, glänzende Masse entstanden ist. Die Masse erkalten lassen. Die erkaltete, fest gewordene Masse mit Handrührgerät mit Rührbesen schaumig schlagen und die Butter kurz unterschlagen.

6 Aus dem Kuchen der Länge nach ein keilförmiges Stück herausschneiden. Den keilförmigen Kuchen-Einschnitt mit einem Teil der Creme füllen, das herausgeschnittene Kuchenstück umgedreht wie ein Dach darauf setzen. Den Kuchen mit der Creme ganz einstreichen.

7 Den Kuchen senkrecht in Viertel schneiden, so dass 4 kleine Häuser entstehen und die Schnittflächen mit der restlichen Creme bestreichen. Die Häuser etwa 2 Stunden kalt stellen.

8 Die Häuser nach Belieben mit Zuckerschrift, Schokoladenstreuseln, Schokoladenplätzchen, Zuckerstreuseln und Borkenschokolade garnieren.

Tipp: *Verschenken Sie doch anstelle eines Knusperhäuschens einmal ein weihnachtlich geschmücktes Dorf. Dann die Creme nach Belieben mit etwas Zimt abschmecken.*

Eisstock-Schießen

Zutaten

Für das Spielfeld (Rührteig):
4 reife Bananen
Saft von 1 Zitrone
250 g Butter oder Margarine
175 g Zucker
1 Pck. Bourbon-Vanillezucker
6 Tropfen Butter-Vanille-Aroma
1 Prise Salz, 4 Eier (Größe M)
200 g Weizenmehl
50 g Speisestärke
2 gestr. TL Backpulver
50 g Schokotröpfchen

Für die Füllung:
400 ml Schlagsahne
2 Pck. Sahnesteif
1 Pck. Vanillin-Zucker

Für den Guss:
1 Pck. gezuckerter Tortenguss, klar
250 ml (¼ l) Flüssigkeit (Saft 1 Zitrone mit Wasser aufgefüllt)

Für die Schneemänner (Quark-Öl-Teig):
150 g Weizenmehl
2 gestr. TL Backpulver
75 g Magerquark, 50 ml Milch
50 ml Speiseöl, 40 g Zucker
1 Pck. Vanillin-Zucker
25 g abgezogene, gemahlene Mandeln

Für die Füllung:
1 kleiner Apfel
25 g abgezogene, gemahlene Mandeln

Korinthen
15 g gesiebter Puderzucker
15 g Zucker, Lakritz
Schaschlikspießchen

Für die Eisstöcke:
Bananenscheiben, Zitronensaft
Mikadostäbchen

Zubereitungszeit:
60 Minuten

Insgesamt:
E: 112 g, F: 454 g, Kh: 803 g, kJ: 33862, kcal: 8049

ZUM VERSCHENKEN

1 Für das Spielfeld Bananen schälen, in kleine Stücke schneiden und mit Zitronensaft vermengen. Butter oder Margarine mit Handrührgerät mit Rührbesen auf höchster Stufe geschmeidig rühren. Nach und nach Zucker, Bourbon-Vanillezucker, Butter-Vanille-Aroma und Salz unterrühren, so lange rühren, bis eine gebundene Masse entstanden ist. Eier nach und nach unterrühren (jedes Ei etwa ½ Minute).

2 Mehl mit Speisestärke und Backpulver mischen, sieben und portionsweise auf mittlerer Stufe unterrühren. Schokotröpfchen und Bananenstückchen (mit dem Zitronensaft) zuletzt unterheben. Den Teig auf ein mit Backpapier belegtes Backblech (30 x 40 cm) streichen. Das Papier unmittelbar vor dem Teig zur Falte knicken. Das Backblech in den Backofen schieben.

Ober-/Unterhitze: 170–200 °C (vorgeheizt)
Heißluft: etwa 160 °C (vorgeheizt)
Gas: Stufe 3–4 (vorgeheizt)
Backzeit: etwa 30 Minuten

3 Das Gebäck auf dem Blech erkalten lassen. Es dann stürzen, das Backpapier abziehen, die Gebäckplatte wieder umdrehen und auf ein großes Brett legen.

4 Für die Füllung Sahne mit Sahnesteif und Vanillin-Zucker steif schlagen und auf die Gebäckplatte streichen.

5 Für den Guss aus Tortenguss und Flüssigkeit nach Packungsanleitung einen Guss zubereiten, noch heiß mit Hilfe eines Löffels auf der Sahnemasse verteilen und fest werden lassen.

6 Für die Schneemänner aus den Zutaten einen Teig zubereiten (Anleitung siehe Rezept „Nelly Nilpferd"). Den Teig auf der bemehlten Arbeitsfläche etwa ½ cm dick ausrollen und daraus Platten (Ø 7 und 9 cm, gleiche Anzahl von jeder Größe) ausstechen.

7 Für die Füllung Apfel schälen, vierteln, entkernen, in Stücke schneiden und in die Mitte der Teigplatten legen. Zu Kugeln formen, in den Mandeln wälzen, auf ein mit Backpapier belegtes Backblech legen und mit den Korinthen garnieren. Die Teigkugeln bei der oben angegebenen Temperatur etwa 25 Minuten backen.

8 Puderzucker mit Zucker mischen, die Gebäckkugeln sofort nach dem Backen darin wenden und erkalten lassen. Jeweils 2–3 Kugeln mit Spießchen zu einem Schneemann zusammenstecken und mit Nasen und Hütchen aus Lakritz versehen.

9 Für die Eisstöcke Bananenscheiben mit etwas Zitronensaft beträufeln, jeweils ½ Mikadostäbchen hineinstecken und das Spielfeld mit den Eisstöcken garnieren.

Eisbärenhäuschen

(2 Häuschen, 10 Eisbären)

Zutaten

Für die Häuschen:
250 g flüssiger Honig
100 g brauner Zucker
1 Pck. Bourbon-Vanillezucker
125 g Butter
1 ½ TL Lebkuchengewürz
1 Ei (Größe M)
400 g Weizenmehl
125 g Roggenmehl
1 Pck. Backpulver

1 Eigelb
2 EL Milch

Für den Guss:
100 g gesiebter Puderzucker
1 EL Zitronensaft

braune Zuckerschrift
verschiedene Süßigkeiten
Puderzucker

Für die Eisbären:
200 g abgezogene, gemahlene Mandeln
100 g gesiebter Puderzucker
1 Pck. Orangenfrucht
5 Tropfen Zitronen-Aroma
2 EL Orangensaft

Zum Garnieren und Verzieren:
abgezogene, halbierte Mandeln
Korinthen
Zucker oder Kokosraspel

Zubereitungszeit:
90 Minuten, ohne Kühl- und Trockenzeit

Insgesamt:
E: 112 g, F: 240 g, Kh: 938 g, kJ: 27638, kcal: 6603

DAUERT LÄNGER

1 Für die Häuschen Honig, Zucker, Bourbon-Vanillezucker und Butter in einem Topf unter Rühren erwärmen, bis sich die Zutaten gelöst haben, und die Masse abkühlen lassen.

2 Lebkuchengewürz und Ei mit Handrührgerät mit Rührbesen unter die abgekühlte Honigmasse rühren. Weizenmehl mit Roggenmehl und Backpulver mischen. Die Hälfte davon unter die Honig-Ei-Masse rühren. Die restliche Mehlmischung mit Handrührgerät mit Knethaken unterkneten. Den Teig in Folie wickeln und etwa 2 Stunden kalt stellen.

3 Den Teig auf der bemehlten Arbeitsfläche in 3 gleiche Teile teilen. Ein Teigstück etwa ½ cm dick ausrollen, mit Hilfe einer Papierschablone für das erste Haus Vorder- und Rückseite, 2 Seitenwände und 2 Dachplatten ausschneiden. Die Teigreste verkneten, ausrollen und Tannenbäume ausstechen oder -schneiden.

4 Alle Teile auf mit Backpapier belegte Backbleche legen. Eigelb mit Milch verquirlen und die Teigstücke damit bestreichen. Mit einem dicken Strohhalm große Löcher in die auf der Schablone vorgezeichneten Stellen stechen.

Ober-/Unterhitze: 160–180 °C (vorgeheizt)
Heißluft: 140–160 °C (vorgeheizt)
Gas: Stufe 2–3 (vorgeheizt)
Backzeit: 10–15 Minuten

5 Die Gebäckteile auf einem Kuchenrost erkalten lassen. Das zweite Teigstück für das zweite Haus ebenso verarbeiten.

6 Das dritte Teigstück halbieren und jede Hälfte zu einer runden Platte (Ø etwa 25 cm) ausrollen, auf ein mit Backpapier belegtes Backblech legen und wie oben angegeben backen und erkalten lassen.

7 Die erkalteten Teile für die Häuser mit Bändern fest zusammenbinden. Die Dachhälften verbinden und auf das Häuschen legen.

8 Für den Guss Puderzucker und Zitronensaft zu einer sehr dickflüssigen Masse verrühren, in ein Pergamentpapiertütchen füllen, eine kleine Ecke abschneiden und mit dem Zuckerguss das Haus vorsichtig auf der Bodenplatte festkleben.

9 Mit Zuckerschrift Tür und Fenster auf das Häuschen malen. Nach Belieben Süßigkeiten mit dem Guss an dem Häuschen festkleben. Die Tannen ebenfalls auf der Bodenplatte befestigen. Zuletzt „Eiszapfen" an das Dach spritzen und die Knusperhäuschen mit Puderzucker bestäuben.

(Fortsetzung Seite 110)

9 cm
10 cm
Vorder-/Rückseite 2 x
6,5 cm
Dachflächen 2 x
11 cm x 12 cm
Seitenwände 2 x
7 cm x 6,5 cm

(Fortsetzung von Seite 108)

10 Für die Eisbären Mandeln, Puderzucker und Orangenfrucht in einer Rührschüssel mischen, die Mischung mit einem Pürierstab zerkleinern. Zitronen-Aroma und Orangensaft mit den Händen unterkneten.

11 Für den Bären-Bauch aus dem Orangen-Marzipan ein längliches, eiförmiges Stück von etwa 20 g formen. 4 Mandelhälften als Bärentatzen in den Bauch stecken.

12 Für den Eisbär-Kopf eine Kugel von etwa 10 g rollen. 2 Mandelhälften als Ohren, 3 Korinthen als Augen und Nase in den Kopf stecken. Den Kopf auf den Bauch setzen und etwas festdrücken.

13 Die Bären vorsichtig dünn mit Wasser bestreichen und mit Zucker oder Kokosraspeln bestreuen. Die Eisbären vor die Knusperhäuschen setzen.

Bärenausflug

Zutaten

Für den Rührteig:
125 g Butter oder Margarine
100 g Zucker
1 Pck. Vanillin-Zucker
2 Eier (Größe M)
175 g Weizenmehl
1 ½ gestr. TL Backpulver

Für den Guss:
200 g gesiebter Puderzucker
2–3 EL Zitronensaft
Speisefarben

Zubereitungszeit:
30 Minuten, ohne Trockenzeit

Insgesamt:
E: 35 g, F: 118 g, Kh: 436 g, kJ: 12589, kcal: 3007

FÜR KINDER

1 Für den Teig Butter oder Margarine mit Handrührgerät mit Rührbesen auf höchster Stufe geschmeidig rühren. Nach und nach Zucker und Vanillin-Zucker unterrühren, so lange rühren, bis eine gebundene Masse entstanden ist. Eier nach und nach unterrühren (jedes Ei etwa ½ Minute).

2 Mehl mit Backpulver mischen, sieben und portionsweise auf mittlerer Stufe unterrühren. 1 große Bärenkuchenform (500 ml Inhalt) und 3 kleine Bärenkuchenformen (je etwa 175 ml Inhalt) fetten, mehlen und den Teig einfüllen. Die Formen auf dem Rost in den Backofen schieben.

Ober-/Unterhitze: etwa 180 °C (vorgeheizt, unteres Drittel)
Heißluft: etwa 160 °C (vorgeheizt)
Gas: etwa Stufe 3 (vorgeheizt)
Backzeit: kleine Formen etwa 25 Minuten, große Form etwa 30 Minuten

3 Die Bären 10 Minuten in den Formen stehen lassen, dann aus den Formen lösen und auf einem Kuchenrost erkalten lassen.

4 Für den Guss Puderzucker mit Zitronensaft zu einer zähflüssigen Masse verrühren, in Schälchen verteilen und jeweils mit einer anderen Speisefarbe einfärben. Die Güsse in Pergamentpapiertütchen füllen, vorsichtig nur wenig von den Tütenspitzen abschneiden, die Bären mit den Güssen verzieren und trocknen lassen.

Tipps: *Anstelle des Puderzuckergusses kann auch Zuckerschrift (im Supermarkt erhältlich) verwendet werden.*
Verschenken Sie die Bärchen doch einmal als Einladung zu einem Picknick.

Piratenschiff

Zutaten

Für das Schiff (Rührteig):
1 Dose Pfirsichhälften (Abtropfgewicht 250 g)
200 g Butter oder Margarine
175 g Zucker
1 Pck. Vanillin-Zucker
½ Fläschchen Butter-Vanille-Aroma
1 Prise Salz
3 Eier (Größe M)
2 EL Pfirsichsaft
175 g Weizenmehl
25 g Speisestärke
15 g Kakaopulver
1 gestr. TL Backpulver

Für den Guss:
200 g Vollmilch-Kuvertüre
15 g Kokosfett

Für Segel und Piraten (Knetteig):
125 g Weizenmehl
½ gestr. TL Backpulver
60 g brauner Zucker
1 Pck. Vanillin-Zucker
2 Tropfen Bittermandel-Aroma
1 Prise Salz
1 Eigelb (Größe M)
75 g Butter oder Margarine
25 g gemahlene Haselnusskerne

1 Eigelb
1 EL Milch
Holzstäbchen (20 cm)
Zuckerschrift

Zubereitungszeit:
70 Minuten, ohne Kühl- und Trockenzeit

Insgesamt:
E: 83 g, F: 364 g, Kh: 674 g, kJ: 27126, kcal: 6482

ETWAS AUFWENDIGER

1 Für das Schiff Pfirsiche auf einem Sieb gut abtropfen lassen und in kleine Stücke schneiden. Butter oder Margarine mit Handrührgerät mit Rührbesen auf höchster Stufe geschmeidig rühren. Nach und nach Zucker, Vanillin-Zucker, Butter-Vanille-Aroma und Salz unterrühren, so lange rühren, bis eine gebundene Masse entstanden ist. Eier und Pfirsichsaft nach und nach unterrühren (jedes Ei etwa ½ Minute).

2 Mehl mit Speisestärke, Kakao und Backpulver mischen, sieben und portionsweise auf mittlerer Stufe unterrühren. Zuletzt die Pfirsichstücke unterrühren. Den Teig in eine gefettete, gemehlte Kastenform (25 x 11 cm) füllen. Die Form auf dem Rost in den Backofen schieben.

Ober-/Unterhitze: etwa 180 °C (vorgeheizt, unteres Drittel)
Heißluft: etwa 160 °C (nicht vorgeheizt)
Gas: Stufe 2–3 (nicht vorgeheizt)
Backzeit: etwa 60 Minuten

3 Den Kuchen aus der Form lösen und auf einem Kuchenrost erkalten lassen. Die Oberfläche des erkalteten Kuchens begradigen und die Mitte etwa 1 ½ cm tief aushöhlen.

4 Für den Guss Kuvertüre grob zerkleinern, mit dem Kokosfett in einem kleinen Topf im Wasserbad bei schwacher Hitze zu einer geschmeidigen Masse rühren. Den Kuchen mit ⅔ davon bestreichen und fest werden lassen.

5 Die Gebäckreste mit der restlichen Kuvertüre verkneten, Rumfässer, Holzplanken, Kanone, Kanonenkugeln und Schatztruhe daraus formen und im Kühlschrank fest werden lassen.

6 Für Segel und Piraten Mehl mit Backpulver mischen und in eine Rührschüssel sieben. Zucker, Vanillin-Zucker, Bittermandel-Aroma, Salz, Eigelb, Butter oder Margarine und Haselnüsse hinzufügen.

7 Die Zutaten mit Handrührgerät mit Knethaken zunächst kurz auf niedrigster Stufe, dann auf höchster Stufe gut durcharbeiten. Anschließend auf der Arbeitsfläche zu einem glatten Teig verkneten und etwa 60 Minuten kalt stellen.

8 Den Teig dünn ausrollen, Piraten ausstechen oder -schneiden und auf mit Backpapier belegte Backbleche legen. Die Segel ausschneiden und mit auf die Backbleche legen. Die Holzstäbchen so auf die Segel legen, dass sie 5 cm überstehen. Eigelb mit Milch verquirlen und die Teigstücke damit bestreichen.

9 Weitere Segel ausschneiden und auf die mit Holzstäbchen belegten Segel legen. Die Segel und Piraten mit Eigelbmilch bestreichen. Das Gebäck bei der oben angegebenen Temperatur 10–20 Minuten backen und erkalten lassen.

10 Die Piraten, Segel, Kanonen usw. mit Zuckerschrift verzieren und trocknen lassen. Alle Teile als Piratenschiff zusammensetzen.

Fußballfeld

Zutaten

Für das Fußballfeld (Rührteig):
250 g Butter oder Margarine
200 g Zucker
1 Pck. Vanillin-Zucker
4 Eier (Größe M)
350 g Weizenmehl
3 gestr. TL Backpulver

Zum Garnieren und Verzieren:
250 ml (¼ l) Schlagsahne
1 Pck. Sahnesteif
200 g Marzipan-Rohmasse
100 g gesiebter Puderzucker
4–5 Tropfen grüne Speisefarbe
etwa 1 EL Kokosraspel

Für die Mannschaft (Knetteig):
125 g Weizenmehl
½ gestr. TL Backpulver
40 g Zucker
1 Eigelb (Größe M)
60 g Butter

Für den Guss:
150 g gesiebter Puderzucker
etwa 1 Eiweiß
etwas Speisefarbe oder Zuckerschrift

Zubereitungszeit:
45 Minuten, ohne Kühl- und Trockenzeit

Insgesamt:
E: 122 g, F: 445 g, Kh: 938 g, kJ: 35470, kcal: 8474

FÜR KINDER

Basisversion:
Fußballfeld bis Punkt 5

Profiversion:
Fußballfeld mit Mannschaft bis Punkt 8

1 Für das Fußballfeld Butter oder Margarine mit Handrührgerät mit Rührbesen auf höchster Stufe geschmeidig rühren. Nach und nach Zucker und Vanillin-Zucker unterrühren, so lange rühren, bis eine gebundene Masse entstanden ist. Eier nach und nach unterrühren (jedes Ei etwa ½ Minute).

2 Mehl mit Backpulver mischen, sieben und portionsweise auf mittlerer Stufe unterrühren. Den Teig auf ein gefettetes Backblech (30 x 40 cm) streichen. Die offene Seite mit einem mehrfach geknickten Streifen Alufolie verschließen. Das Backblech in den Backofen schieben.

Ober-/Unterhitze: etwa 180 °C (vorgeheizt, unteres Drittel)
Heißluft: etwa 160 °C (vorgeheizt)
Gas: etwa Stufe 3 (vorgeheizt)
Backzeit: etwa 20 Minuten

3 Den Kuchen auf dem Backblech auf einem Rost erkalten lassen.

4 Sahne mit Sahnesteif steif schlagen, in einen Spritzbeutel mit Lochtülle füllen und Fußballfeldlinien und -tor auf das Gebäck spritzen. Die restliche Sahne als Tupfen auf das Feld spritzen.

5 Marzipan-Rohmasse mit Puderzucker und Speisefarbe verkneten, durch eine Allzweckmühle oder Kartoffelpresse drücken und als Rasen auf dem Gebäck verteilen. Tore und Mittellinie mit Kokosraspeln bestreuen. Den Kuchen kalt stellen.

6 Für die Mannschaft Mehl mit Backpulver mischen und in eine Rührschüssel sieben. Zucker, Eigelb und Butter hinzufügen. Die Zutaten mit Handrührgerät mit Knethaken zunächst kurz auf niedrigster, dann auf höchster Stufe durcharbeiten. Anschließend auf der Arbeitsfläche zu einem glatten Teig verkneten, sollte er kleben, ihn eine Zeitlang kalt stellen.

7 Den Teig auf der leicht bemehlten Arbeitsfläche ausrollen, mit einem Plätzchenausstecher (4 x 3,2 cm) Bärchen ausstechen und auf ein mit Backpapier belegtes Backblech legen. Das Backblech in den Backofen schieben.

Ober-/Unterhitze: etwa 200 °C (vorgeheizt)
Heißluft: etwa 180 °C (vorgeheizt)
Gas: etwa Stufe 4 (vorgeheizt)
Backzeit: etwa 10 Minuten

8 Für den Guss Puderzucker mit so viel Eiweiß verrühren, dass eine dickflüssige Masse entsteht, in Schälchen verteilen und jeweils mit einer anderen Farbe einfärben. Die Güsse in Pergamentpapiertütchen füllen, vorsichtig nur wenig von den Tütenspitzen abschneiden, die erkalteten Bärchen mit den Güssen oder Zuckerschrift verzieren und trocknen lassen. Nach Belieben roten Guss um das Fußballfeld spritzen. Die Bärchen auf dem Marzipanrasen verteilen.

Indianerdorf

Zutaten

Für die Kakteen (Makronenmasse):
200 g Marzipan-Rohmasse
100 g Zucker
1 Pck. Vanillin-Zucker
1 ½ Eiweiß (Größe M)
gemahlene Pistazienkerne oder abgezogene, gehackte oder gestiftelte Mandeln

100 g Halbbitter-Kuvertüre

Für die Wigwams (Knetteig):
150 g Weizenmehl
1 Msp. Backpulver
60 g Zucker
1 Pck. Vanillin-Zucker
4 Tropfen Butter-Vanille-Aroma
1 Eigelb (Größe M)
1–2 EL Wasser
75 g Butter oder Margarine

Zum Verzieren und Garnieren:
50 g Halbbitter-Kuvertüre
Mikadostäbchen (Gebäckstäbchen mit Schokolade)
Weingummischnüre

Zubereitungszeit:
70 Minuten, ohne Kühlzeit

Insgesamt:
E: 66 g, F: 159 g, Kh: 484 g,
kJ: 15666, kcal: 3742

RAFFINIERT

1 Für die Kakteen Marzipan-Rohmasse, Zucker, Vanillin-Zucker und Eiweiß mit Handrührgerät mit Rührbesen zu einer glatten Masse verarbeiten und in einen Spritzbeutel mit kleiner Lochtülle füllen.

2 Die Masse in Form von Kakteen (1 cm dick, 10 cm hoch) auf ein mit Backpapier belegtes Backblech spritzen, mit Pistazien oder Mandeln bestreuen oder mit Mandelstiften spicken. Außerdem für jeden Kaktus als Fuß einen ovalen Ring spritzen (das Loch in der Mitte sollte etwa 2 cm groß sein).

Ober-/Unterhitze: etwa 150 °C (vorgeheizt)
Heißluft: etwa 130 °C (vorgeheizt)
Gas: Stufe 2–3 (vorgeheizt)
Backzeit: 15–20 Minuten

3 Das Gebäck auf dem Backblech erkalten lassen, erst dann lösen.

4 Kuvertüre in einem kleinen Topf im Wasserbad bei schwacher Hitze zu einer geschmeidigen Masse verrühren und die Gebäckringe mit aufgelöster Kuvertüre füllen (3 Teelöffel für die Wigwams zurücklassen). Die Kakteen hineinstellen und fest werden lassen.

5 Für die Wigwams Mehl mit Backpulver mischen und in eine Rührschüssel sieben. Zucker, Vanillin-Zucker, Butter-Vanille-Aroma, Eigelb, Wasser und Butter oder Margarine hinzugeben. Die Zutaten mit Handrührgerät mit Knethaken zunächst kurz auf niedrigster, dann auf höchster Stufe gut durcharbeiten.

6 Den Teig auf einer bemehlten Arbeitsfläche zu einem glatten Teig verkneten. Unter ⅓ des Teiges die zurückgelassene, aufgelöste Kuvertüre kneten. Den Teig in Folie gewickelt 30 Minuten kalt stellen.

7 Den hellen und dunklen Teig jeweils ½ cm dick ausrollen, 12 Dreiecke (2 Seiten 10 cm, 1 Seite 8 cm lang) daraus schneiden und auf gefettete Backbleche legen. Die Backbleche in den Backofen schieben.

Ober-/Unterhitze: etwa 200 °C (vorgeheizt)
Heißluft: etwa 180 °C (vorgeheizt)
Gas: Stufe 3–4 (vorgeheizt)
Backzeit: 15–20 Minuten pro Backblech

8 Das Gebäck vom Backblech nehmen und auf einem Kuchenrost erkalten lassen.

9 Kuvertüre wie oben beschrieben auflösen und die Gebäckdreiecke damit verzieren. An jedem Dreieck an der gleichen Seite je 1 Gebäckstäbchen mit Kuvertüre befestigen. Jeweils 3 Dreiecke zu einem Zelt zusammenstellen und mit Weingummischnüren zusammenbinden.

Käseecken und Mäuse

Zutaten

Für den Rührteig:
250 g Butter oder Margarine
200 g Zucker
1 Pck. Vanillin-Zucker
5 Eier (Größe M)
250 g Weizenmehl
1 gestr. TL Backpulver
125 g abgezogene, gemahlene Mandeln

Für den Guss:
200 g gesiebter Puderzucker
1 Eiweiß
1 EL Wasser
gelbe Speisefarbe

Für die Mäuse:
Gebäckreste vom Kastenkuchen
150 g weiße Kuvertüre
2 EL Orangensaft

braune Zuckerschrift
einige abgezogene, gehobelte Mandeln
1 Lakritzschnecke

Zubereitungszeit:
35 Minuten, ohne Trockenzeit

Insgesamt:
E: 113 g, F: 367 g, Kh: 695 g,
kJ: 28289, kcal: 6758

EINFACH

1 Für den Teig Butter oder Margarine mit Handrührgerät mit Rührbesen auf höchster Stufe geschmeidig rühren. Nach und nach Zucker und Vanillin-Zucker unterrühren, so lange rühren, bis eine gebundene Masse entstanden ist. Eier nach und nach unterrühren (jedes Ei etwa ½ Minute).

2 Mehl mit Backpulver mischen, sieben und portionsweise auf mittlerer Stufe unterrühren. Mandeln unterrühren. Den Teig in eine gefettete, gemehlte Kastenform (25 x 11 cm) füllen und glattstreichen. Die Form auf dem Rost in den Backofen schieben.

Ober-/Unterhitze: etwa 180 °C (vorgeheizt, unteres Drittel)
Heißluft: etwa 160 °C (nicht vorgeheizt)
Gas: etwa Stufe 3 (nicht vorgeheizt)
Backzeit: etwa 50 Minuten

3 Den Kuchen 10 Minuten in der Form stehen lassen, ihn dann auf einen Kuchenrost stürzen und erkalten lassen. Den erkalteten Kuchen diagonal durchschneiden und an jedem breiten Ende 2 cm für die Mäuse abschneiden.

4 Für den Guss Puderzucker mit Eiweiß und Wasser zu einer zähflüssigen Masse verrühren und mit Speisefarbe einfärben. Die beiden großen Gebäckstücke damit überziehen und trocknen lassen. Mit einem Apfelausstecher Löcher in die „Käseecken" stechen.

5 Für die Mäuse alle Gebäckreste zerbröseln und in eine Schüssel geben. Kuvertüre in einem kleinen Topf im Wasserbad bei schwacher Hitze zu einer geschmeidigen Masse verrühren, mit dem Orangensaft zu den Gebäckbröseln geben, verkneten und etwas fest werden lassen.

6 Aus der Masse Mäuse formen. Mit Zuckerschrift Augen und Nase aufmalen und mit Mandeln als Ohren und Lakritzstücken als Barthaare und Schwänzchen garnieren.

Tipp: *Nach Belieben erst die Löcher in die „Käseecken" stechen und dann mit dem Guss überziehen.*

Ratgeber

Backregeln

Die in den Rezepten angegebenen Backtemperaturen und -zeiten sind Richtwerte, die je nach individueller Hitzeleistung des Backofens bzw. Material der verwendeten Backform über- oder unterschritten werden können. Bitte machen Sie deshalb nach Beendigung der Backzeit eine Garprobe. Die gebräuchlichste Garprobe ist die Stäbchenprobe. Dafür wird ein Holzstäbchen an der dicksten Stelle in den Kuchen gestochen. Ist das Stäbchen trocken und haftet kein Teig mehr daran, ist der Kuchen gar. Falls die Gebäckoberfläche vor Ende der Backzeit zu stark bräunt, empfiehlt es sich, das Gebäck mit Back- oder Pergamentpapier (evtl. doppelt gelegt) abzudecken.

Biskuitteige müssen sofort nach der Zubereitung gebacken werden. Als Garprobe am besten die flache Hand leicht auflegen. Das gare Gebäck darf sich nicht mehr feucht anfühlen und muss in der Krume weich und watteähnlich sein. Heißluft ist für das Backen von Biskuit nicht so gut geeignet, daher werden an dieser Stelle keine Temperaturangaben gemacht.

Formgebäcke im unteren Drittel in den Backofen schieben, da sie so am gleichmäßigsten backen. Die Gebäcke nach Ende der Backzeit 10 Minuten in der Form stehen lassen, damit das Gebäck beim Lösen der Form nicht bricht.

Puderzuckerguss

Wenn eine Torte bzw. ein Kuchen mit Puderzuckerguss überzogen werden soll, kommt es auf die richtige Konsistenz an. Ist der Guss zu flüssig, rinnt er herunter, ist er zu dick, wird die Oberfläche nicht schön glatt. Darum den Puderzucker nach und nach mit Flüssigkeit bzw. Eiweiß verrühren, bis die gewünschte Konsistenz erreicht ist. Den Guss auf die Mitte des Kuchens gießen, den auseinander laufenden Guss mit einer Tortenpalette oder einem langen, breiten Messer auf der Oberfläche und über die Ränder so verstreichen, dass die gesamte Fläche glatt und gleichmäßig überzogen ist. Wenn das so überzogene Gebäck zusätzlich mit Guss verziert werden soll, den Überzug erst gut trocknen lassen, damit Konturen und Farben nicht ineinander verlaufen.

Auch zum Verzieren von Gebäck mit Puderzuckerguss mit Hilfe eines Pergamentpapiertütchens darf der Guss nicht zu flüssig sein, da er sonst zu breit auseinander laufen würde.

Zum Zusammenkleben von Gebäckstücken oder Befestigen von Garnierungen sollte der Guss nur mit wenig Flüssigkeit zu einer besonders zähen Masse verrührt werden.

Wenn der Puderzucker mit Wasser oder Saft verrührt wird, bleibt der Guss kristallisch durchscheinend. Mit Eiweiß verrührt wird und bleibt der Guss „schneeweiß".

Wer zum Einfärben des Gusses keine Speisefarben verwenden möchte, kann auch auf Rote-Bete-Saft (rot), Spinatsaft (grün) oder Safran (gelb) zurückgreifen.

Ratgeber

Papiertütchen

Zum Verzieren der Torten mit Puderzucker- oder Schokoladenguss verwendet man am besten ein selbstgemachtes Papiertütchen.

Dazu aus Pergament- oder Backpapier ein Dreieck schneiden. Die lange Seite des Dreiecks in der Mitte mit Daumen und Zeigefinger der einen Hand festhalten. Mit der anderen Hand die eine breite Spitze des Papiers nach innen eindrehen, die andere Spitze außen herumdrehen, so dass die Tüte eine feste Spitze bekommt. Das hinten überstehende Papier mehrfach nach innen umknicken und so die Tüte stabilisieren. Die Tüte etwa zur Hälfte mit dem entsprechenden Guss füllen und durch mehrfaches Umknicken des Randes verschließen, dabei die Luft aus der Tüte drücken. Mit einer scharfen Schere eine kleine Spitze abschneiden (die Größe der Öffnung richtet sich nach der Feinheit der Verzierung).

Schablonen

Einige der Gebäcke, wie z. B. Nelly Nilpferd, lassen sich am besten mit Hilfe einer Papierschablone anfertigen. Dazu das Motiv auf Pergament- oder Backpapier durchzeichnen und mit einer Schere ausschneiden. Die Schablone auf den ausgerollten Teig legen, mit einem kleinen, spitzen Messer ausschneiden und die Teigstücke mit einer Backpalette oder Teigkarte auf das vorbereitete Backblech legen.

Falls das Motiv zu klein ist, können Sie es ganz einfach mit Hilfe eines Kopierers vergrößern oder das gewünschte Motiv auf Pergamentpapier durchzeichnen und ein Raster auf das Motiv zeichnen (am besten Kästchen von 1 x 1 cm). Dann übertragen Sie das Motiv von dem kleinen Raster auf ein größeres (z. B. 2 x 2 cm Kästchengröße). Auf umgekehrte Weise lassen sich große Motive verkleinern.

Wenn Sie die Schablonen mehrfach verwenden möchten, kleben Sie die Papierschablone auf Pappe und schneiden die Ränder nach. Die schönsten Schablonen-Motive finden Sie übrigens in Kinder- und Malbüchern.

Ratgeber

Resteverwertung

Bei einigen Rezepten, in denen das Gebäck zurechtgeschnitten wird, läßt es sich nicht immer vermeiden, dass Gebäckreste übrigbleiben. Man kann diese auf folgende Weise verwerten: die Gebäckreste zerkrümeln und mit so viel Fruchtsaft, Obstbrand oder -likör verkneten, dass eine formbare Masse entsteht. Die Masse zu Kugeln formen, mit aufgelöster Kuvertüre überziehen und fest werden lassen. Die Masse wird besser formbar, wenn die zerbröselten Gebäckreste mit aufgelöster Kuvertüre und Fruchtsaft verknetet werden, wie im Rezept „Käseecken und Mäuse" (Seite 118) angegeben. Aus der Masse lassen sich dann die Körper von z. B. Mäusen oder Spinnen formen, die ganz einfach mit Lakritz- oder Weingummischnüren und Puderzuckerguss oder Zuckerschrift ausdekoriert werden können.

Für Rumkugeln etwa 150 g Gebäckreste zerkrümeln und in eine Rührschüssel geben. Die Gebäckkrümel mit 75 ml Rum (oder halb Rum, halb Wasser) übergießen. 150 g Zartbitterschokolade grob zerkleinern, in einem kleinen Topf im Wasserbad bei schwacher Hitze zu einer geschmeidigen Masse verrühren. 1 Teelöffel Butter, 1 ½ Esslöffel gesiebten Puderzucker und 1 Teelöffel gesiebtes Kakaopulver unterrühren. Die Masse unter die Gebäckkrümel rühren, Kugeln daraus formen, in 100 g Schokoladenstreuseln wälzen und kalt stellen, damit die Rumkugeln fest werden.

Abwandlungen

Die meisten Gebäcke in diesem Buch können variiert werden, indem Sie sie mit einem anderen Guss überziehen oder mit einer Buttercreme bestreichen oder füllen und je nach Anlass mit einer anderen Dekoration versehen.

Bei den meisten Teigen ist es möglich, sie auch in anderen Backformen mit gleichem Durchmesser bzw. Inhalt zu backen. So können z. B. aus den Eierlikör-Osterhasen (Seite 60) natürlich auch Bärchen oder Weihnachtsmänner werden.

Motive aus Kastenkuchen können auch aus Backmischungen oder fertig gekauften Kastenkuchen hergestellt werden. Wichtig dabei ist nur, dass der Kuchen möglichst die im Rezept angegebenen Größe hat, da sonst eventuell die übrigen Zutatenmengen für Guss oder Dekoration nicht mehr stimmen.

Ratgeber

Marzipandekorationen

Mit Marzipandekorationen kann man eine Torte für viele Gelegenheiten passend garnieren. Dazu Marzipan-Rohmasse mit gesiebtem Puderzucker verkneten und nach Belieben mit Speisefarbe einfärben.

Für zweidimensionale Motive das Marzipan am besten zwischen 2 Lagen Klarsichtfolie oder auf der leicht mit Puderzucker bestäubten Arbeitsfläche ausrollen (anstelle der Klarsichtfolie kann auch ein aufgeschnittener Gefrierbeutel verwendet werden) und mit Hilfe von Plätzchenausstechern oder Papierschablonen Figuren ausstechen bzw. ausschneiden.

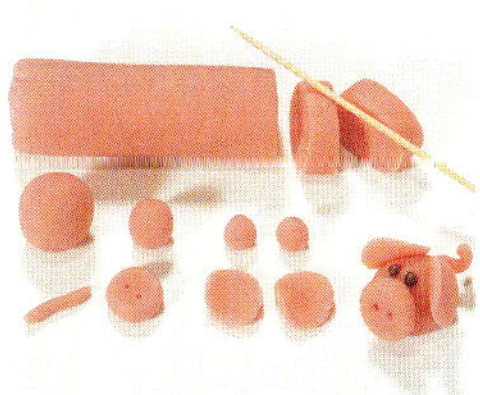

Dreidimensionale Motive formt man am einfachsten nicht aus einem Stück, sondern aus mehreren kleinen Kügelchen, die entsprechend geformt und dann miteinander verbunden werden.

Für eine Marzipanschleife das vorbereitete Marzipan etwa ½ cm dick ausrollen. Ein Rechteck (12 x 6 cm, in der Mitte etwas abgeflacht), ein schmales Band (3 x 6 cm) und 4 Streifen (3 cm breit; 1 Streifen in Länge des Tortendurchmessers, 2 Streifen in ⅔ Länge und 1 Streifen in etwa ⅕ Länge des Tortendurchmessers). Zuerst den längsten und die beiden mittellangen Streifen auf die Torte legen, dann die Schleife auf den Kreuzungspunkt (das Band um die Schleifenmittel legen) und zum Schluß den kurzen Streifen unter der Schleife anlegen.

Für einen Marzipanrasen wird das vorbereitete Marzipan portionsweise durch eine Allzweckmühle oder eine Kartoffel- oder Spätzlepresse gegeben und auf der Torte verteilt.

Gefärbtes Marzipan kann auf einer Buttercreme- oder Sahnegrundlage auslaufen. Am besten die Marzipanmotive erst kurz vor dem Servieren auflegen oder die Motive schon 1–2 Tage vorher zubereiten und gut trocknen lassen.

Kapitelregister

Anfänger-Torten

Hits für Kids

Saisonales Gebäck

Kapitelregister

Alphabetisches Register

Alphabetisches Register

Umwelthinweis

Dieses Buch und der Schutzumschlag wurden auf chlorfrei gebleichtem Papier gedruckt. Die Einschrumpfolie – zum Schutz vor Verschmutzung – ist aus umweltfreundlicher und recyclingfähiger PE-Folie.

Die Schreibweise in diesem Buch entspricht den Regeln der neuen Rechtschreibung.

Wenn Sie Anregungen, Vorschläge oder Fragen zu unseren Büchern haben, rufen Sie uns an (0521) 520645 oder schreiben Sie uns:

Ceres Verlag
Am Bach 11
33602 Bielefeld

Redaktion: Eva-Maria Dammeier

Titelfoto: Thomas Diercks, Hamburg

Innenfotos: Brigitte Wegner, Bielefeld
Kramp & Gölling, Hamburg
Norbert Toelle, Bielefeld
Bernd Lippert, Bielefeld
Thomas Diercks, Hamburg

Rezeptentwicklung und Foodstyling: Claudia Glünz-Wunder, Nordhorn
Requisite: Karin Knull, Bielefeld

Graphisches Konzept: Björn Carstensen, Hamburg
Gestaltung: GDH Haselhorst, Bielefeld
Titelgestaltung: Kontur Design, Bielefeld

Reproduktionen: Kruse Reproduktionen GmbH, Vreden

Satz: Typografika, Bielefeld

Druck: Mohndruck Graphische Betriebe GmbH, Gütersloh

ISBN 3-7670-0237-x